U0824799

编 委 会

总 主 编：王海燕

副总主编：尹　航　许　浩

总 审 定：武传涛

本册主编：王　杨

播音与主持艺术专业『十三五』规划教材·播音主持实务教程

BROADCAST PERFORMANCE

王海燕◎总主编　　尹航　许浩◎副总主编

朗诵实务教程

LANGSONG SHIWU JIAOCHENG

中国传媒大学出版社
·北京·

序

曾志華

2016年中国的传媒生态发生了很大的变化:新媒体发展迅猛,传统媒体陷入困境。互联网有声书的强势来袭使2016年被称作有声出版元年,同时传统媒体则遭遇收听、收视、阅读率下滑,收入下降,人才外流等紧迫问题。业界开始找寻突围之路,学界也开始研究对策,而进行专门教育的高等院校,则思考着包括教材、教程在内的所有教学活动是紧跟一线迅速调整还是墨守成规,变与不变,变在哪儿,不变的又是什么,以及变的"度"如何把握等课题。

山东青年政治学院播音与主持艺术专业的老师们,直面传媒生态急剧变化和专业教材奇缺的现实,围绕有声语言教学总结出"播、说、诵、演"四大基本能力的训练方式,并避开以往教材多以某种具体媒介统领教学的常态,将落点放在了不同类型的节目形态和语言样态上,编写出这套"播音主持实务教程"。望着电脑屏幕上几十万字的书稿,想象着老师们在忙完了白天的教学工作之后,挑灯夜战,在键盘上手指翻飞的情形,我的心里除了感动,更有感慨与钦佩——

是的,这是一个人人都有话筒,人人都是主播,人人都可以是信息传播者的时代,传播生态发生了前所未有的变化。而"所有这一切变化,变革了我们对世界的看法,也改变了我们了解世界的能力"。我们生逢其时!

由此,直面是一种真诚、一种还原,更是一种态度、一种精神。而直面之后的行动,才是真正意义上的责任与担当——向所有为书稿呕心沥血的老师们致敬!

教育,是以现有的学识和经验教化培育人才的工作。教育的本质应该是对人潜能的最大开发。从这个角度而言,播音主持的专业教学,既要将不同类型节目形态、语言样态的基本形式告知学生，又要避免千人一声的单一化。教材、教师、学生是课堂教学活动的基本要素，也是教学质量生成的三种基本要素。因此，我们唯有从教材的编写开始，注重个性化、差异化，小心呵护教材使用者的想象力和创新能力，才能调动学生的自主学习性，使他们成为他们“能够成为”“应该成为”的模样。

这些日子，正在上映的印度电影《摔跤吧，爸爸》好评频多，忽然想起这部电影的男主演阿米尔汗的另一部电影《三傻大闹宝莱坞》，其中有这样一段场景：

课堂上，老教授叫 Rancho 解释“机器”的概念，Rancho 回答道——

“机器是所有能减少人类劳动的事物，任何能简化劳动和节约时间的就是机器。

“今天很热，按下按钮，一阵凉风——风扇，是机器；

“跟千里之外的朋友通话——电话，是机器；

“几秒钟内进行数百万次计算——计算机，是机器；

“我们被机器包围着，从钢笔尖到裤子拉链，拉链，上下上下……”

可思维刻板的老教授却只局限于课本的定义：“机器是由相对运动固定的、相互连接的零件组成的，它意味着能量和动量的相互转换。就像螺丝钉和螺帽，或者杠杆。”

结果，“用简单的、形象的语言表达了同样意思”的 Rancho 被赶出了教室。尽管接下来 Rancho 以近乎反讽的方式巧妙地化解了自己的难堪，但留给我们的绝不仅仅是幽默之后的欢笑。

美国未来学家阿尔温·托夫勒说，第二次浪潮以后，学校崇尚的是“守时、服从、机械地重复作业”，教师只是将教材上的知识灌输给学生，学生也只会将教材上的知识“转移”到自己的脑子中去。个人的观点创见、情感交流以及团队协作等，都难以呈现，都被这种“工业化社会的标准化、同步化”所淹没。这是对教材使用的误读和浅读，是教学程式化的一种表现。

本人非常赞同这样一个观点：老师和学生，不是大木桶和小木桶的关系，教学不是大木桶里的水倒一些给小木桶那么简单。老师应该注重培养学生学习的独立性和能动性，还应该关注学生的成长，包括精神的成长和专业的成长。

如果说学习机械制造的工科学生都不应该死记硬背，那么，专门学习有声语言表达的播音与主持艺术专业的学生，则更应该追求语言的鲜活和表达的多样！从他们跨进大学的那一天起，我们的教学就应该遵循因材施教、因人而异的原则，我们的课堂就应该呈现开放包容的气氛，我们的教材就应该是在“变与不变”基础上既有继承又有创新的智慧结晶。

现在,山东青年政治学院播音主持教师团队在原院长武传涛、专业负责人王海燕老师带领下,编写出了这套教材,尽管在框架的构建、体例的完善、行文的严谨以及教学步骤的针对性上还显青涩,还有不少值得推敲、打磨之处,更有待于多轮教学实践的印证。但是,仅从稿件的搜集、案例的采集和相关理论观点的汇集上来看,本教材有着积极的实用价值。这当然也是团队成员殚精竭力付出了巨大心血的结果。

我和海燕相识有七八年了。在她身上,有着浓厚的山东姑娘的特性:美丽大方,热情爽朗,脚踏实地,乐于助人。在一线积累了较为丰富的实践经验后,她毅然来到高校,担负起培育新主播新主持的工作。张颂老师曾经这样要求,作为播音与主持艺术专业的教师应该具有"教学、科研、播音"三位一体的综合能力。海燕是具备了这种能力的,加上她勤奋好学,孜孜以求,相信她会不断地"更上一层楼"!

我很欣赏一位女作家张曼菱,记得她在北京大学的一次演讲中提到,毕业于西南联大的著名物理学家李政道说过这样一句话:西南联大的学生,不是一个模子出来的,每个人都像一粒种子。而教育是配合这个学生的个性来实施的。

是啊,我们的学生本身就是一颗又一颗的星星,身为播音主持专业教师的职责就是把他们安放在星空上那个最适合他们的位置。

为着这份美好又诗意的职业,不忘初心,我们一起同行!

曾志華

2017 年 5 月 16 日

构建播音主持专业核心能力体系

（代前言）

武传涛

一

长期以来，一直有人问我，你们播音与主持艺术专业学什么？我往往觉得难以回答，因为把专业主干课程一一介绍挺啰嗦的。倒是有一位想到高校应聘播音专业教师的年轻人的回答启发了我们，我问她你在大学里都学了些什么，她不假思索地脱口而出："声台形表啊！"我立刻知道，她所在的学校播音专业是与表演专业紧密联系的。可是，"声台形表"作为表演专业"声乐艺术""台词艺术""形体艺术"和"表演艺术"四门核心课程或者说四项专业能力的简称，简明扼要而蕴含丰富，为很多人所熟知，要用"声台形表"来表述播音与主持艺术专业的学习内容和专业能力显然不妥。不过，"声台形表"的确启发了我们，由此还联想到了京剧艺术的"唱念做打"和相声艺术的"说学逗唱"等一系列的"四字真经"。那我们播音与主持艺术专业可不可以也来一个"四字真经"呢？

在总结概括了大量的播音主持创作实践、分析研究了播音与主持艺术专业的课程体系之后，我们提炼出"播""说""诵""演"四个字，简练、概括地表述播音与主持艺术专业的核心课程和专业核心能力，用以构建播音与主持艺术专业的核心能力体系。

二

播，就是播音，播读，播报，播送，是指播音员、主持人运用有声语言和副语言，通过广播、电视、网络等媒介进行的有声语言传播活动。这是播音员、主持人第一位的专业能力。播，有广义与狭义之分。广义的播音，也称大播音，就是有声语言传播，包括有稿播音和无稿播音，包括新闻性的播报和艺术性的演播。狭义的播音，是典型的播音，只包括有稿播音，是完全以文本为依托的，是要忠实于文本的，是把文字语言转化为有声语言的传播活动，如新闻播音、知识介绍、文稿宣读和纪录片解说。

播，是广播电视媒体传播信息的基本手段，是播音主持人才的基本技能。没有播，电台、电视台就不能称其为电台、电视台；不会播，播音员、主持人就不能算作播音员、主持人。70 多年的人民广播事业，造就了许多代表中国气派话语风格的播音艺术家，50 多年的播音与主持艺术教育，培养了大批堪称规范的汉语普通话楷模的播音主持人才。

要播好音，必须坚持正确的播音主持创作道路，当好党、政府和人民的喉舌。每一个国家的每一个媒体，都必然会体现国家意志，我们国家也不例外。播音是“党、政府和人民的喉舌”，是维护国家利益、弘扬民族精神、传承民族文化、体现时代精神、充满人文关怀的新闻工作。这个认识是不能改变的，忠诚于党、忠诚于国家、忠诚于人民的信念是不能动摇的，必须堂堂正正、理直气壮。在这样的前提下，通过对播音作品的深入理解与感受，通过扎实的语言功力，我们才能完成好播音的任务。

要播好音，必须遵循现代汉语规范，在语音、词汇、语法等方面一定要符合现代汉语普通话的规定，努力承担好推广普通话的责任。这首先是国家法律法规的要求，国家发展建设的需要，同时也是大众传媒广泛信息传播的需要。播音过程中，要力戒语音不正、词汇不当、语法不通的现象，为全社会学习和使用普通话提供示范和表率。

要播好音，必须体现中国气派的话语风格，既庄重大气、掷地有声，又朴实亲切、活泼生动，成为真正的“中国之声”。

要播好音，必须运用有声语言的各种创作手段，体现出审美价值。播音绝不是简单的“念字出声”，而是一种创作性的艰苦劳动，要经历“深入理解—具体感受—形之于声—及于受众”的过程，要从有声语言的生存空间进入规范空间，进而提升到审美空间。所以我们反对“千篇一律”“千人一声”，我们提倡因文而异，因人而异，因情而异，因时而异，努力追求有声语言的美感，给人以“声情并茂”“悦耳动听”的愉快体验。

说，就是说话，说明，讲述，谈论，是人们现想现说、用话语表达意思的口语交际。是一种由内部语言转化为外部语言的口语传播活动，包括独白性口语表达和对话性口语表达，是主持人节目中基本的语言表达方式。

说话,因为是现想现说,所以是“即兴话语”,具有“直接性”的特点。说话是口头创作,具有“一过性”,说出去的话收不回来。说话对语境的依赖性强,与听话人的交流感强,语言灵活多变,通俗易懂。说话能够运用丰富多彩的语音、语势、语气、节奏、表情、姿态、手势等口语的特有手段来传情达意。

说话,是播音员、主持人话筒前、镜头前的一种口语表达活动,特别是在主持节目时,是一种高质量的即兴话语,是口语化、自然流畅的表达,是符合语言规范和审美要求的高水平口语。这对播音员、主持人的学识、才华与能力提出了较高的要求:首先,要具有组织内部语言的能力,以历史的积淀、现实的感悟、教育的浸润、经验的积累为基础,在话筒前迅速、有条理地组织内部语言,使在临场发挥中即兴产生的语言动机,具有强烈的目的性、鲜明的倾向性和严密的逻辑性;其次,要有语言外化的能力,能够将内部语言阶段大脑中形成的一些“语点”,按照一定的语法规则,选择恰当的词语,快速地扩展、丰富、编码为完整的句子,顺利完成由“想”到“说”的过程;最后,要有表情达意及调节、整理语言的能力,以良好的声音状态、娴熟的发音和语言表达技巧去传情达意,善于体察受众、营造语境,能及时地对自己的有声语言和副语言进行检验和调整。

诵,就是朗诵,诵读,咏诵,是人们运用艺术语言表达的各种手段将文学作品的文字语言转化为有声语言、艺术地再现或体现出来的创作活动。朗诵是用清晰、响亮的声音,结合各种语言表达手段来完善地表达作品思想感情的一门艺术。朗诵是播音员主持人必备的一种有声语言运用能力,能为增强播音主持的生动性服务,也能直接成为广播电视的节目。

朗诵是以情感人的有声语言艺术,是一种创作活动,是一项复杂的系统性工程。朗诵具有音声性、规范性、文学性、艺术性、综合性、依赖性、创作性、欣赏性、大众性、激励性的特点。朗诵艺术在推广语言规范、促进思想交流、净化人们心灵、开展审美教育、提升双方素养、传承优秀文化等方面,都具有十分重要的作用。

朗诵需要有对文学作品的深入理解与感受。朗诵是一种理清思路、调整心路的艰辛劳动,朗诵者只有在深入理解和具体感受的前提下,让文字作品入脑入心,才能激发起丰富的思想感情,才有强烈的创作、表达愿望。

朗诵需要良好的声音条件和表达技巧。在将文字语言转化为有声语言的艺术创作过程中,朗诵者对文字作品思想内涵的深入理解、其良好的文学修养和艺术素养、对朗诵文本精妙的整体设计,最终都要体现在朗诵者的声音表达上。朗诵者纯正的语音、动听的音色、丰富的语气、变化的节奏等,都是朗诵艺术的魅力所在。

朗诵是训练语言能力的有效手段。从古至今，从小到大，朗诵都是锻炼人们语言能力的重要手段，也是提高阅读质量、汲取文化营养的有效途径。特别是在播音主持人才培养的过程中，朗诵不仅帮助学生提高了思想品德修养和文学艺术素养，还培养了学生“音准、声美、语感好”的专业基础能力，更提升了学生踊跃登台、积极传播的综合素质。

演，就是表演，演出，演播，是通过人的演唱、演奏或人体动作、表情及有声语言来塑造形象、传达情感从而展示技艺、表现生活的艺术。广义的表演，涵盖所有的表现情节或技艺的演出；狭义的表演只指表演者面对观众扮演角色并通过舞台行动而创造人物形象的过程。从播音主持人才培养的角度来看表演，既有广义上的，也有狭义上的，强调播音员、主持人的声音表演能力，或称演播能力，是播音员、主持人适应媒体发展需要、丰富广播电视节目内容不可或缺的专业能力。

演，就是要感情投入地去扮演、表演。在播音员、主持人的工作中，会演播寓言童话、长篇小说，会演播广播剧，会给影视剧、动画片、广告配音，需要其懂得表演艺术特点和规律，掌握必要的表演技巧，善于二度创作乃至三度创作，否则就无法向受众提供高质量的艺术作品。

演，要求播音员、主持人多才多艺。艺术都是相通的，播音员、主持人既是新闻工作者，也是文艺工作者，播音主持艺术也是在向姊妹艺术的学习借鉴中，发展成长起来的。播音员、主持人不是演员，但应当具有演员的素质，或会演小品，或会说相声，或会唱歌跳舞，或会演奏器乐，多才多艺的主持人总是受到人们欢迎的。

演，就是要尽快适应媒体发展的需要。随着经济、社会的发展，人们精神需求的提高，科技的进步，新媒体时代的到来，逼迫以广播电视为代表的传统媒体在变革中求发展，形式更加丰富多彩，内容更加活泼生动，这给播音员主持人提出了更高的要求。特别是综艺娱乐类电视节目日益增多，只有具有表演能力的主持人才能熟练地驾驭节目，与嘉宾和观众形成良好的互动。

需要强调的是，我们把“演”作为播音员主持人的一项专业能力，绝不是要把学生培养成演员，也绝不是要否定新闻传播的真实性。我们希望播音员、主持人在播音主持创作中能够借鉴好、运用好表演艺术的元素，丰富播音主持艺术的手段，提高播音主持的质量。我们坚决反对矫揉造作、故作姿态、拿腔拿调、生硬蹩脚的表演，也不允许在新闻类节目的播音主持中表演。

三

“播说诵演”四者之间的关系，不是简单地平等并列关系，而是有着严格的逻辑顺序区分的。“播”是老大，占有主导地位，最具代表性，主持日常工作；“说”是老二，与老大相辅相成，时常替代老大主持工作；“诵”是老三，是为“播”“说”“演”提供支持和帮助的；“演”是老四，最具节目样态发展的适应性，能为老二、老三提供支持。“播”“说”重在体现播音主持艺术的新闻性，“诵”“演”重在体现播音主持艺术的艺术性。我们采用这种比拟的表述，无非是想说明“播”“说”“诵”“演”四项专业核心能力是有主次之分的，是教、学、做过程中必须注意的。

播音与主持艺术专业的实践教学体系，要充分体现“播说诵演”四种专业核心能力的培养，就应当有配套的课程、配套的教材和配套的专业实践活动。按照这样一个思路，我们山东青年政治学院播音与主持艺术专业组织编写了“播音主持实务教程”这套实训教材，分为“播”“说”“诵”“演”四册，分别叫作《播音实务教程》《主持实务教程》《朗诵实务教程》和《演播实务教程》。主要供学习了语音与发声、播音主持创作基础等课程的高年级学生训练播音主持业务能力使用，也是在职播音员、主持人提高业务能力的重要参考书。

希望我们的大胆尝试，能为构建播音主持专业核心能力体系奠定基础，能为播音主持艺术界的同仁们带来启发，能为中国的播音主持教育事业作出积极的贡献！

目 录

第一章 朗诵总说 / 1
一、作品的选择 / 1
二、材料的准备 / 2
三、状态的调整 / 2
四、语言的控制 / 3
五、副语言的运用 / 4

第二章 诗歌朗诵 / 6
第一节 理论概述 / 6
一、诗歌朗诵的特点 / 6
二、诗歌朗诵的分类及要领 / 7
三、诗歌朗诵的技巧 / 8
第二节 示例分析 / 9
一、古体诗 / 9
示例一 将进酒 / 9
示例二 短歌行·其一 / 10
示例三 兵车行 / 11
二、近体诗 / 12
示例四 春晓 / 12
示例五 望岳 / 13
示例六 九月九日忆山东兄弟 / 14
示例七 过零丁洋 / 14
三、词 / 15
示例八 声声慢·寻寻觅觅 / 15

示例九　念奴娇·赤壁怀古　/ 16
示例十　丑奴儿·书博山道中壁　/ 17
四、现当代诗歌　/ 17
示例十一　我爱这土地　/ 17
示例十二　相信未来　/ 18
示例十三　面朝大海,春暖花开　/ 21
示例十四　我是一个任性的孩子　/ 22
示例十五　我愿意是急流　/ 24
示例十六　当你老了　/ 25
示例十七　你的微笑　/ 26
第三节　训练稿件　/ 28
一、古体诗　/ 28
稿件一　橘颂　/ 28
稿件二　白雪歌送武判官归京　/ 28
稿件三　琵琶行　/ 29
稿件四　春江花月夜　/ 31
稿件五　梦游天姥吟留别　/ 32
稿件六　长恨歌　/ 33
二、近体诗　/ 34
稿件七　五言绝句　/ 34
稿件八　五言律诗　/ 36
稿件九　七言绝句　/ 38
稿件十　七言律诗　/ 40
三、词　/ 43
稿件十一　虞美人·春花秋月何时了　/ 43
稿件十二　相见欢·无言独上西楼　/ 43
稿件十三　卜算子·我住长江头　/ 43
稿件十四　雨霖铃·寒蝉凄切　/ 44
稿件十五　蝶恋花·伫倚危楼风细细　/ 44
稿件十六　水调歌头·明月几时有　/ 44
稿件十七　如梦令·常记溪亭日暮　/ 45
稿件十八　满江红·怒发冲冠　/ 45

稿件十九　钗头凤·红酥手　/ 46
稿件二十　江城子·乙卯正月二十日夜记梦　/ 46
四、现当代诗歌　/ 47
稿件二十一　我是不会变心的　/ 47
稿件二十二　赞美　/ 48
稿件二十三　河床　/ 50
稿件二十四　热爱生命　/ 52
稿件二十五　我微笑着走向生活　/ 53
稿件二十六　光的赞歌(节选)　/ 53
稿件二十七　一棵开花的树　/ 56
稿件二十八　不是再见　/ 56
稿件二十九　有的人　/ 57
稿件三十　再别康桥　/ 58
稿件三十一　雨巷　/ 59
稿件三十二　祖国啊,我亲爱的祖国　/ 60
稿件三十三　致橡树　/ 60
稿件三十四　乡愁　/ 61
稿件三十五　父母之河　/ 62
稿件三十六　为祖国而歌　/ 64
稿件三十七　山雀子噪醒的江南　/ 66
稿件三十八　预言　/ 68
稿件三十九　生活是多么广阔　/ 69
稿件四十　苹果树下　/ 70
稿件四十一　西去列车的窗口　/ 71
稿件四十二　那时你老了　/ 75
稿件四十三　给母亲　/ 77
稿件四十四　春天,遂想起　/ 77
稿件四十五　大堰河——我的保姆　/ 78
稿件四十六　就是那一只蟋蟀　/ 82
稿件四十七　南方的夜　/ 83
稿件四十八　难民　/ 85
稿件四十九　小草在歌唱　/ 86

稿件五十 雪白的墙 / 89
稿件五十一 雪落在中国的土地上 / 90
稿件五十二 有赠 / 92
稿件五十三 你生命告终 / 93
稿件五十四 假如生活欺骗了你 / 94
稿件五十五 致恰达耶夫 / 94
稿件五十六 萤火虫 / 95
稿件五十七 人生礼赞 / 96
稿件五十八 帆 / 97
稿件五十九 一条未走的路 / 97
稿件六十 世界上最遥远的距离 / 98

第三章 散文朗诵 / 100
第一节 理论概述 / 100
一、古代散文 / 100
二、现代散文 / 102
第二节 示例分析 / 105
一、古代散文 / 105
示例一 岳阳楼记 / 105
示例二 陋室铭 / 106
示例三 醉翁亭记 / 107
示例四 前赤壁赋 / 108
示例五 师说 / 109
示例六 爱莲说 / 110
二、现代散文 / 111
示例七 春 / 111
示例八 白杨礼赞 / 113
示例九 背影 / 115
示例十 荷塘月色 / 117
示例十一 故都的秋 / 119
示例十二 荔枝蜜 / 121
第三节 训练稿件 / 124
一、古代散文 / 124

稿件一 桃花源记 / 124
稿件二 兰亭集序 / 125
稿件三 捕蛇者说 / 125
稿件四 曹刿论战 / 126
稿件五 阿房宫赋 / 127
稿件六 得道多助,失道寡助 / 128
二、现代散文 / 128
稿件七 鸟的天堂 / 128
稿件八 秋天的怀念 / 130
稿件九 小橘灯 / 132
稿件十 第一场雪 / 134
稿件十一 樱花赞 / 135
稿件十二 麻雀 / 138
稿件十三 丑石 / 139
稿件十四 落花生 / 141
稿件十五 珍珠鸟 / 142

第四章 寓言童话朗诵 / 144

第一节 理论概述 / 144

一、寓言童话的概念 / 144
二、寓言童话的种类 / 144
三、寓言童话的特点 / 145
四、寓言童话的朗诵 / 145

第二节 示例分析 / 148

示例一 寒号鸟 / 148
示例二 狼和小羊 / 149
示例三 扁鹊说病 / 150
示例四 卖火柴的小女孩 / 152
示例五 盲人摸象 / 155
示例六 愚蠢的狮子和聪明的鹿 / 156

第三节 训练稿件 / 157

稿件一 猴子捞月亮 / 157
稿件二 南辕北辙 / 158

稿件三 陶罐和铁罐 / 159
稿件四 乌鸦和猪的“谅解” / 160
稿件五 猴吃西瓜 / 160
稿件六 皇帝的新装 / 162
稿件七 荞 麦 / 165
稿件八 粉红色信封 / 167
稿件九 拇指姑娘(节选) / 168
稿件十 兔子哥哥当校长 / 170
稿件十一 小猪倌 / 172
稿件十二 善良与邪恶 / 176

后 记 / 183

第一章　朗诵总说

教学目标:认识朗诵这种独特的语言艺术形式,掌握朗诵技巧。

教学重点:作品的选择、材料的准备、状态的调整、语言的控制、副语言的运用。

教学难点:语言的控制技巧。

课时安排:2 课时。

朗诵是一种语言艺术活动。《现代汉语词典》中对于朗和诵的注释是:朗,声音清晰响亮;诵,读出声音来。那么什么是朗诵呢?朗诵是以文学作品为二度创作基础,以饱满的情感色彩赋予有声语言声音形式的律动变化,从而准确、生动地表达作品的思想内容并抒发情感。简单地说,朗诵是用有声语言表达文学作品和抒发情感的再创作。

既然朗诵是一种有声语言的再创作,那么必然涉及朗诵者在创作过程中的创作方法问题,也就是朗诵者应该如何朗诵的问题。

一、作品的选择

作品的选择是朗诵成功的第一步。不是所有的文学作品都适合朗诵,那么如何选择适合朗诵的作品呢?

1.从作品角度

作品可以涵盖任何文学体裁,如诗歌、散文、寓言、童话等。总体来说,无论何种体裁,都应该选择长短适宜、难易适中的作品,不宜选择哲理性太强的文章;选择思想好、内容好的作品,实现朗诵的间接教育功能;选择层次鲜明、形象感强、有变化幅度的作品,不宜选择平淡无味、缺乏情节和高潮的作品。

2.从受众角度

作品应便于受众理解与接受,能引起受众的共鸣。不同的朗诵场合,应选择适合不同受众的作品。

3.从朗诵者角度

根据朗诵者自身的客观条件选择作品，不选择与朗诵者年龄、性别、个性、身份不符的作品，不选择朗诵者自身嗓音条件和语言功力驾驭不了的作品。

二、材料的准备

材料的准备主要指朗诵之前的备稿、设计、练习过程，这个过程非常重要，直接决定了朗诵的成败。

1.备稿

备稿就是准备稿件，包括划分层次、概括主题、联系背景、明确目的、分清主次、把握基调。[①] 有经验的朗诵者可以“三步并作两步走”，关键要划分层次、概括主题、联系背景、确定基调，也就是深入理解作品，对作品从整体到局部都有清晰的认识。

2.设计

对作品局部进行表达的细致分析和设计。朗诵者要分层逐句设计：语气、节奏怎样变化？哪里是高潮？重点如何强调？初学者可以在稿件上面标注一些符号，但熟练之后最好不要依赖这些符号。

3.练习

在熟读、记忆的基础上，加入情感，在不断的练习中总结经验，打磨出最好的朗诵状态。

三、状态的调整

状态是指朗诵者在朗诵过程中表现出来的形态，包括生理状态和心理状态，以心理状态为主。“变声音先变状态”，好的状态是朗诵成功的前提。朗诵中好的状态是自信大方、收放自如。

1.“身”——生理状态

朗诵中，朗诵者一旦身体紧张绷直或过分松懈，就会脱离作品的规定情境，导致声音过僵或过松，影响内在情感的发挥。因此，朗诵者要站得直立挺拔，身体适度松弛，肩膀打开，保持形体姿态的大方，呈现自信的状态。

---

① 柴璠.播音语言表达技巧[M].修订版.北京：中国广播电视出版社，2012：21.

2."心"——心理状态

朗诵者在朗诵的过程中,内心始终处于自信、积极、饱满的状态。调整内心状态有三个步骤:一是排除杂念,注意力集中。杂念主要指与朗诵作品无关的念想、思维,它们会对朗诵者造成心理影响。朗诵者应排除与朗诵无关的顾虑,专心投入创作。二是熟悉场地,提前彩排。朗诵者在陌生的场地朗诵往往会怯场,因此朗诵前一定要熟悉现场与流程,放松心态,将一切不可控因素调整到最少。三是把受众当成朋友,倾心交流。朗诵者应建立"朋友意识",内心想象着与受众交流,保持平等沟通的心态。

四、语言的控制

朗诵是一种有声语言艺术,有其独特的创作规律与声音要求。朗诵者要具备扎实的专业基本功,掌握声音控制的能力以及语言表达的技巧。

1.声音控制

朗诵式、宣读式、讲解式和谈话式四种语言样式的声音控制不同。声音控制包括嗓音调节和出声控制。声音控制是实现语言传播多样化的重要手段。

(1)嗓音调节:嗓音差异是朗诵者声音表现最明显的区别性特征。由于生理构造、用声习惯以及发音能力的不同,朗诵者发出的声音也千差万别。声音具有一定的可塑性和适应性,朗诵者要在嗓音先天条件的基础上训练嗓音调节能力。比如诗歌朗诵运用朗诵式、宣读式居多,需要调节出明亮、宽厚的嗓音音色;散文朗诵运用讲解式、谈话式居多,需要调节出柔和、甜美的嗓音音色。

(2)发声控制:不同的发声控制能力将决定不同的声音形式。这种发声控制从播音发声的角度来说,主要指朗诵者应根据不同文学体裁的朗诵要求,具备呼吸控制、口腔控制、共鸣控制以及喉部控制的变化调节能力。下面以呼吸控制和口腔控制为例,简要分析怎样运用这种发声控制能力。

加强呼吸控制是提高发声控制能力的关键。"气动则声发",有声语言的发声特点要求朗诵者对呼吸要有较强的变化调节能力,特别是要在不同的语境中呈现出不同的呼吸状态,因为不同的呼吸状态可以带动声音效果的变化。加强口腔控制是保障发音质量的关键,呼出的气息经由口腔中的舌、齿、唇等咬字器官的共同作用形成字音。这些咬字器官不同的配合,会形成不同的字音色彩。

比如,宣读式朗诵,呼吸控制较强,表现为:气息较沉稳,吸气量较多,送气速度较快,音量较高。同时,口腔控制也较强,表现为:口腔较紧,咬字位置略偏后,字头叼住弹出,字腹迅速立起,归音干脆有力,音色明亮、宽厚。再比如,谈话式或讲解式朗诵,呼吸控制相对较弱，表现为：气息较松弛，吸气量较少，送气速度较慢，音量较低。同时，口腔控制也较弱，表现为：口腔较松，字音柔和，咬字位置略偏前，字头力度较松，字腹缓慢立起，归音弱收到位，音色柔和、甜美。

此外，还应结合情感表达的具体需要进行调节，比如在呼吸控制和口腔控制较强的情况下，声音效果可以宽厚，可以热情，可以明快，可以圆润；在呼吸控制和口腔控制较弱的情况下，声音效果可以低沉，可以柔和，可以纤细，可以甜美。因此，朗诵者应根据作品的需要不断调整发音控制技巧，提高发音控制能力。

2.表达技巧

朗诵是一种艺术，不是见字出声的机械反应。因此，朗诵要遵循一定的语言表达规律。

（1）内部技巧。内部技巧包括情景再现、内在语、对象感。掌握内部技巧的关键：一是真实感受，朗诵者必须挖掘作品的情感内涵，找到内心的情感依据；二是发挥想象，朗诵者必须善于想象情节、人物、场景等，形成连续活动的画面，并不断引发相应的态度、情感；三是情感运动，朗诵者必须依据感受与想象，时刻调动自己的思想感情，使之处于运动状态。

（2）外部技巧。外部技巧包括停连、重音、语气、节奏。朗诵者应根据文稿的不同要求，对其作出相应处理，使有声语言的表现力更强。外部技巧是声音的具体落实，不同文学体裁、不同作品内容、不同情感有不同的表达要求。朗诵者应学会具体问题具体分析，“感之于外，受之于心”，灵活运用内外部技巧，使受众感受到朗诵的美。

五、副语言的运用

尽管朗诵是一种以有声语言为主要表现手段的艺术形式，但副语言的运用也十分重要，它是有声语言的重要辅助。

什么是副语言表达呢？无论在人际传播还是在大众传播中，人们在说话的同时，经常有意或无意地使用音色、眼神、面部表情、身体动作等辅助有声语言加强表达的效果。同时，从衣着打扮、行为举止中透露出的气质风度也会给别人留下清晰的第一印象。这种在一定的语境下，除去有声语言之外的能表情达意的一切手段，都是副语言表达。它是口语表达的辅助手段，对有声语言表达起到辅助、补充的作用。①

手势：要求大臂带动小臂活动，手臂伸展，手形优美。关键是能与有声语言相配合，能很好地辅助有声语言的表达。忌多而杂，注重准确与美感。

---

① 柴璠.播音语言表达技巧[M].修订版.北京：中国广播电视出版社，2012：305.

身:静止站立时,挺拔直立、抬头挺胸、肩膀打开、落落大方,两脚适当分开或呈丁字步,两臂自然下垂;走动时,双脚忌碎步,后脚跟作为重心移动,体态大方。

眼神:用眼神传递情感,与受众真正交流。朗诵者一要看到内心视像,二要看到受众反应,不断控制感情、调整语气。一般来说,朗诵者的眼睛要平视前方,视线聚焦到前方的一个点,想象成受众的眼睛,与之交流。对于特殊情感的处理,可以双目微闭,表现出陶醉与思考之态。

第二章　诗歌朗诵

教学目标：掌握诗歌朗诵的基本要求和表达技巧，熟悉诗歌朗诵的创作规律。

教学重点：诗歌朗诵的特点、分类及要领。

教学难点：诗歌朗诵的技巧。

课时安排：28 课时。

第一节　理论概述

朗诵是有声语言艺术创作。朗诵文本的体裁多种多样，包括诗歌、散文、戏剧、寓言、小说等。作为朗诵者，只有科学运用灵活多变的有声语言，才能更好地传达出文学作品的思想内涵。因此，精彩而经典的朗诵往往可以使朗诵者、作者、听者的感情紧紧联系在一起，转变成一种强大的情感力量，撼动人们的心灵。

一、诗歌朗诵的特点

在朗诵的文本中，诗歌是最早出现的文学体裁。诗歌历史悠久，影响力巨大，对整个文学的发展都有极强的推动作用。与寓言、戏剧、小说相比，诗歌最大的特点在于它不是单纯依靠情节和内容去表达作者的认知、情感和感受，而是依靠个体情感的直接抒发，表达诗人的内心世界。

诗歌朗诵是一种较为复杂的创作活动，朗诵者拿到诗歌作品以后，必须深入理解作品的思想内涵，精心设计朗诵的表达形式；面对广大受众时，要感情丰富、准确清晰地把文字作品转化成有声语言。

朗诵诗歌时，字词句的推进更容易在具体感受中驾驭，重音、节奏等疏密度的控制要张弛有度。语气舒展、词语拓开、字音绵长、韵脚鲜明、层次清晰、声音起伏等都是诗歌朗诵的显著特点。

二、诗歌朗诵的分类及要领

诗歌的题材广泛，内容丰富。从内容上分类，可以划分为抒情诗、叙事诗、讽刺诗、寓言诗等；从形式上分类，大致可以分为古体诗、近体诗、词、现当代诗歌等。

古体诗是唐代以来区别于近体诗（律诗、绝句）的一种诗体，有四言、五言、六言、七言等形式，句数没有限制，每句的字数也可以不齐，平仄和用韵都比较自由。古体诗的朗诵张弛有度、变化丰富，既要把握好常规节奏韵律，又要突破束缚自由表达。

古体诗的朗诵要领可以概括为：

（1）深入了解，具体分析；

（2）定准基调，分清主次；

（3）把握规律，规中求变；

（4）收放自如，体现诗风。

近体诗是唐代形成的律诗和绝句的通称，其对句数、字数、平仄、用韵等都有比较严格的规定。近体诗在朗诵时要把握规律，找寻每首诗的精神实质和思想内涵，表达出不同的近体诗所特有的韵味和意境。

近体诗的朗诵要领可以概括为：

（1）了解背景，确定基调；

（2）划分音步，语势呼应；

（3）押住韵脚，突出平仄；

（4）讲究节奏，读出韵味。

词始于唐代，兴于宋代，是我国古典文学作品中重要的组成部分。词因其长短错落的句式、丰富多样的表达方法、或婉约或豪放的风格成为朗诵者青睐的对象。在处理词的朗诵时要了解词牌、熟悉词的内容，有些词分上、下阕，要抓住其意蕴和神韵，划分句群，确定基调。

词的朗诵要领可以概括为：

（1）了解词牌，熟悉内容；

（2）根据语意，划分句群；

（3）明确基调，确定风格；

（4）突出特色，表达个性。

现当代自由体诗歌不再受押韵、平仄、字数的具体限制，表达与写作更加自由，为有声语言创作提供了一定的空间。

现当代诗歌朗诵要领可以概括为：

(1)熟悉作品，概括主题；

(2)联系背景，划分层次；

(3)明确目的，确定停连；

(4)抓住重点，确定基调。

三、诗歌朗诵的技巧

1.热情洋溢的表演心态

朗诵者的创作心态是一种表演心态。朗诵者应以个人身份当众“孤独”地创造文本的情境，表达文本的精神，把自己对于文本的理解、感受、体验有的放矢地展现给受众。朗诵者在创作过程中必须热情洋溢、愿望强烈、从容自如、感情真挚。

2.得心应“口”的喷弹力度

朗诵者应科学控制用气发声，气息的运动、声音的响亮必须落实到唇舌的喷弹力度上，只有这样才能做到字正腔圆、铿锵有力。唇的控制要自如，舌头弹动要有力，做到吐字如珠。具体的喷弹力度取决于朗诵者对词语、诗歌思想感情的把握。

3.张弛有度的节奏尺度

这里的节奏指的是语流的速度，要做到有快有慢，不可以一快就快到底，一慢就拖到尾。朗诵时要做到快而不乱，慢而不断。从词到意群，从句到句群，从音节到词语，从诗行到篇章，都要做到张弛有度。

4.合情合理的抑扬幅度

诗歌朗诵时的抑扬是表达内容的需要，是夸张语气和渲染色彩的需要，不是故弄玄虚，更不是哗众取宠。要让听者受到强烈的情绪感染，必须有合情合理的抑扬幅度。

5.见微知著的刚柔强度

在声音形态中，刚柔相济是一种十分美妙的境界，但要做到并不容易。朗诵诗歌时，要注意语感的培养，做到刚中有柔，柔中带刚，互相映衬，互为主从。

6.浓淡相宜的明暗亮度

有声语言不仅要求刚柔并济，而且要明暗互补。这明暗，是一种亮度，是思绪、心境的一种显露。虽然自然界有各种明暗亮度，但反映在人的思想感情变化上，很多时候并不一致，有时甚至相反。在朗诵创作中，应该对此给予注意，并恰当地加以表现。①

美学家朱光潜认为："理想的诗歌朗诵，正如理想的诗歌一样，必须求得语言的自然节奏与音律的形式节奏的和谐统一，这样既能表情，又有音乐美。"在诗歌朗诵的过程中，要努力做到从整体去感受，用心激发情感意志，提炼诗歌中的精髓，品味诗歌独特的意境。三分诗，七分读，生命里有诗在，有诗读，美哉美哉！

第二节　示例分析

一、古体诗

示例一

将进酒

〔唐〕李　白

君不见，黄河之水天上来，奔流到海不复回。
君不见，高堂明镜悲白发，朝如青丝暮成雪。
人生得意须尽欢，莫使金樽空对月。
天生我材必有用，千金散尽还复来。
烹羊宰牛且为乐，会须一饮三百杯。
岑夫子，丹丘生，将进酒，杯莫停。
与君歌一曲，请君为我倾耳听。
钟鼓馔玉不足贵，但愿长醉不复醒。
古来圣贤皆寂寞，惟有饮者留其名。
陈王昔时宴平乐，斗酒十千恣欢谑。
主人何为言少钱，径须沽取对君酌。
五花马，千金裘，呼儿将出换美酒，与尔同销万古愁。

示例分析：这首诗以朦胧凄冷、生动灵澈、神奇超常的意境，将一个普通的歌舞场面写得格外缤纷绚烂、形神兼备、有声有色。诗人以精湛的艺术技巧表现了对人生的深切体验，表现了自己身处于病态社会的压抑、烦闷、凄凉与愤激，给读者深刻的审美

① 张颂.诗歌朗诵[M].北京：中国传媒大学出版社，2008：2.

感受和精神启示。文本中，从“君不见，黄河之水天上来”至“千金散尽还复来”，写的是人生短暂，要及时行乐，但同时又表现出诗人对事业和理想的自信。从“烹羊宰牛且为乐”到“惟有饮者留其名”，表现出诗人不慕富贵功名、愤世嫉俗的精神气质，痛饮狂歌中有着“浮云富贵，粪土王侯”的气概。从“陈王昔时宴平乐”到“与尔同销万古愁”，既说明诗人要以尽情饮酒来消散心中的忧愁，又表现了其在黑暗现实中的痛苦、郁闷。最后一个“愁”字，更加有力地表现了作品的主题。

这首诗的基调豪放旷达、激情高亢、洒脱不羁。朗诵时应该注意对诗歌意境的描绘和对氛围的渲染，气息应该随情绪的变化收放自如。声音控制上，虚实结合、强弱相济。处理语势时，起伏和对比可稍大一些，不要字字用力，更不要声嘶力竭地大喊大叫，灵活运用好欲扬先抑等技巧。“君不见黄河之水天上来，奔流到海不复回”，处理“君不见”时，声音可以相对弱一些，“天”字音调陡然提高，声音相对加大，欲纵之而先抑之。这首诗既表现了诗人对青春易逝、功业未成的愁绪，又表现出了其洒脱不羁、豪放旷达的性情，悲中有乐，乐中有悲。不同阅历、不同性格、不同创作风格的朗诵者对这首诗的理解会有所不同，因此，表达方式也会不同。而创作过程中这种独特的表达格外重要，要学会在尊重文本的基础上保有自己的创作风格。

示例二

短歌行·其一

〔汉〕曹　操

对酒当歌，人生几何！譬如朝露，去日苦多。
慨当以慷，忧思难忘。何以解忧？唯有杜康。
青青子衿，悠悠我心。但为君故，沉吟至今。
呦呦鹿鸣，食野之苹。我有嘉宾，鼓瑟吹笙。
明明如月，何时可掇？忧从中来，不可断绝。
越陌度阡，枉用相存。契阔谈讌，心念旧恩。
月明星稀，乌鹊南飞。绕树三匝，何枝可依？
山不厌高，海不厌深。周公吐哺，天下归心。

示例分析：《短歌行》是一首政治性很强的诗作，主要是为曹操当时所实行的政治路线和政治策略服务的，然而它的政治意义却完全熔铸在浓郁的抒情意境之中。诗人充分发挥了诗歌创作的特长，准确而巧妙地运用了比兴手法，来达到寓理于情、以情感人的目的。

这首诗的主题非常明确，就是诗人希望有大量人才来为自己所用。诗人在其政治活动中，曾大力强调“唯才是举”，为此先后发布了“求贤令”“举士令”“求逸才令”等，而《短歌行》实际上就是一曲“求贤歌”。正因为诗人运用了诗歌的形式，含有大量抒情成分，所以能起到独特的感染作用。朗诵时，注意层次的把握，语气变化丰富且细腻，突显诗人一匡天下的雄心。

示例三

兵车行

〔唐〕杜　甫

车辚辚，马萧萧，行人弓箭各在腰。
耶娘妻子走相送，尘埃不见咸阳桥。
牵衣顿足拦道哭，哭声直上干云霄。
道旁过者问行人，行人但云点行频。
或从十五北防河，便至四十西营田。
去时里正与裹头，归来头白还戍边。
边庭流血成海水，武皇开边意未已。
君不闻，汉家山东二百州，千村万落生荆杞。
纵有健妇把锄犁，禾生陇亩无东西。
况复秦兵耐苦战，被驱不异犬与鸡。
长者虽有问，役夫敢申恨？
且如今年冬，未休关西卒。
县官急索租，租税从何出？
信知生男恶，反是生女好。
生女犹得嫁比邻，生男埋没随百草。
君不见，青海头，古来白骨无人收。
新鬼烦冤旧鬼哭，天阴雨湿声啾啾！

示例分析：这首诗是讽世伤时之作，也是杜甫诗中的名篇，为历代所传诵。本诗旨在讽刺国家穷兵黩武给人民带来莫大的灾难，反映了人民的苦难生活。诗的开头七句为第一段，写军人家属送别儿子、丈夫出征的悲惨情景，描绘了一幅震撼人心的送别图。从“道旁”到“犬与鸡”为第二段，描写了农村萧条零落的境况。从“长者”到结尾为第三段，写国家连年征兵，百姓唯恐生男孩和战场尸骨遍野，令人不寒而栗的景象。

全诗淋漓尽致地揭露了唐王朝穷兵黩武的罪恶，表达了对百姓深深的同情。诗寓情于叙事之中，前后呼应、严谨缜密。诗的韵脚平仄互换，声调抑扬顿挫，既井井有条，又曲折多变，真可谓"新乐府"诗的典范。

这首诗的整体基调感情深沉、色彩浓厚。朗诵时，总体节奏是低沉缓慢的，音色较暗。这首诗没有沿用古乐府题目，而是缘事而发，自创新题，运用乐府民歌的形式，深刻地反映了人民的苦难生活。诗中叙述了劳苦大众背井离乡、长年戍边的悲愤，具体描写了田地荒芜和老弱妇孺无力耕作的凄凉景象。朗诵时要感情真挚，表达出痛苦无奈，但要注意分寸感的把握。要学会在平缓叙述中凸显历史的厚重博大，在感情抒发中流露出思古的文化内涵。

二、近体诗

示例四

春　晓

〔唐〕孟浩然

春眠不觉晓，处处闻啼鸟。
夜来风雨声，花落知多少。

示例分析：《春晓》为唐代诗人孟浩然隐居在鹿门山时所作，意境十分优美。诗人抓住春天的早晨刚刚醒来时的一刹那展开联想，生动地表达了诗人对春天的热爱之情。诗人一觉醒来，听到屋外处处是鸟儿的欢鸣，便以一句"处处闻啼鸟"来表现充满活力的春天景象。诗的第三、四句是诗人的联想：昨夜我在朦胧中听到一阵风雨声，不知道庭院里的花儿被摇落了多少。这里的"花落知多少"，隐含着诗人对春光流逝的淡淡怜惜以及无限遐想。

朗诵这首诗时，应该调动内部技巧中的"情景再现"，理清头绪，设身处地、触景生情地表达，让受众感受到真情真景。基调应是悠远抒情、深沉宁静的，尤其处理后两句时，应有想象之意境、虚幻之感受，以平直调收尾。其中，在处理"春眠"时，应该是坦然舒适的感受，平起，"眠"字的发音比"春"字稍长、稍强。"不觉晓"体现出刚睡醒的状态，语速可以适当加快，稍微扬起。"处处"在处理时可以高起，用声较实、较强，注意第二个"处"字稍弱。"闻"与"啼"可以连接紧一些。"啼鸟"，"啼"字顺阳平声调扬起，体现出鸟鸣声高且远，再接下降为上声的"鸟"字，"鸟"为明确的指称，要体现出它忽左忽右地飞的感觉，然后再快收、顿住。"夜来"在表达时语气可沉缓，"来"字拖长音。“风雨声”，“风”是高平起，“雨”声下降，“声”字一定要拖住。“花落”，中度平起，营造惋惜的意境。“知多少”，“知”字应平起，含有“不知”之意，“多少”要有感慨的味道，最后的“少”字悠长而不扬起，直到结束。

示例五

望 岳

〔唐〕杜 甫

岱宗夫如何？齐鲁青未了。
造化钟神秀，阴阳割昏晓。
荡胸生曾云，决眦入归鸟。
会当凌绝顶，一览众山小。

示例分析：这是一首杜甫早期的诗作，此时，诗人正“放荡齐赵间，裘马颇清狂”。当他游历到山东时，被泰山的壮丽景色所吸引，写下了这首《望岳》。这首诗通过描绘泰山雄伟的景象，热情赞美了泰山高大巍峨的气势和神奇秀丽的景色，流露出对祖国山河的热爱之情，表达了诗人不怕困难、勇攀顶峰的雄心和气概，以及卓然独立、兼济天下的豪情壮志。

开头一句“岱宗夫如何”，以一句设问统领下文。第二句的“齐鲁青未了”自问自答，生动形象地道出泰山的绵延、高大。“青”字是写青翠的山色，“未”表现了山势雄伟，青翠之色一望无际，这是远望之景。三 、四句是近望之势。“造化钟神秀”是说泰山秀美无比，仿佛大自然将一切神奇秀丽的景色都聚集在这里了，一个“钟”字生动有力。“阴阳割昏晓”，突出了泰山的高耸挺拔，尤其是“割”字形象贴切，给参天矗立的山姿赋予了生命力。五 、六两句是近看之景，并由静转动。“荡胸生曾云”描写山腰云雾层层缭绕，使诗人胸怀涤荡。“决眦入归鸟”，意思是瞪大了眼睛望着一只只飞回山林中的小鸟，表现了山腹之深。最后两句是诗人想象中的登山之情。“会当凌绝顶”中的“凌”字，表现了诗人登顶的决心和豪迈的壮志。“一览众山小”，写的是诗人想象登上山顶后放眼四望的景象，突出了泰山的高大巍峨。

这首诗的基调气势雄浑、大气壮阔。朗诵首联时要气息充沛，声音可考虑收一些，第一句的疑问语气特点鲜明，要略有所思、从容内敛。颔联的“造化钟神秀”可以用较实的声音去表达，与前一句形成对比，声音可适当外放；“阴阳割昏晓”处理时，应以虚声为主，整体语势下行，但心里一定要想象壮阔的景象。颈联“荡胸生曾云”与前一句保持声音和气息控制上的密切联系，也是以虚声为主，同时要渲染出足够的气势；“决眦入归鸟”用声方面要逐渐加强，以实声为主，画面感要强烈。尾联是全诗的重点，气息要保持充足，气势逐步加强，“会当凌绝顶”要用波峰类的语势，最高峰为“凌”字，声音也要随之提高；“一览众山小”朗诵时要给人以雄浑气魄之感，适当加入虚声，但语言要保有内在力量，给人以启迪。

另外，这是一首五言律诗，押韵是其标志之一。大部分律诗都是在偶句上押韵，第一句可入韵也可不入韵，即“一三五不论，二四六分明”。押韵使得诗歌的节奏感更明显，听觉上更有规整和谐之感。

示例六

九月九日忆山东兄弟

〔唐〕王　维

独在异乡为异客，每逢佳节倍思亲。
遥知兄弟登高处，遍插茱萸少一人。

示例分析：此诗写出了游子思念家乡、怀念亲人之情。诗一开头便紧扣题目，描写在异乡生活的孤独凄然，遇到佳节良辰，倍加思念亲人。接着描写远在家乡的兄弟在重阳节登高时，应该也在怀念自己的情形。其中，“每逢佳节倍思亲”更是千古名句。

这首诗的基调含蓄深沉、舒缓凝重，既曲折有致，又朴素自然。朗诵时“独”“异”“倍”都可以作为重音强调，“独”字可以采用拉开字腹、延长韵脚等方法拉长音节；“倍”字延长后稍加停顿，以便突出思念家乡、怀念亲人的惆怅心理。“遥知兄弟登高处”这一句语势稍扬，句尾也要延长，营造足够多的意境，与下文语势呼应。最后一句通过“遍”与“少”重音对比，体现出诗人身在他乡、孤独思乡的内在感受。

示例七

过零丁洋

〔宋〕文天祥

辛苦遭逢起一经，干戈寥落四周星。
山河破碎风飘絮，身世浮沉雨打萍。
惶恐滩头说惶恐，零丁洋里叹零丁。
人生自古谁无死，留取丹心照汗青。

示例分析：这首诗是文天祥被俘后誓死明志之作。前两句诗人回顾平生，以入仕和兵败一首一尾两件事精练概括。中间四句紧承“干戈寥落”，明确表达了诗人对当前局势的认识：国家处于风雨飘摇中，亡国的悲剧已不可避免，个人的命运就更难以顾及。面对这种巨变，诗人想到的不是个人的出路和前途，而是深深地遗憾自己未能在军事上取得胜利，从而扭转局面。同时，也为自己的孤立无援感到格外痛心。我们从字里行间不难感受到诗人自责、自叹的苍凉心绪。末二句则是被俘的诗人对自身命运的一种毫不犹豫的选择，为前面的感慨、遗恨平添了一种悲壮激昂的力量和底气，表现出独特的崇高美。这既是诗人人格魅力的体现，也表现了中华民族的精神美，其感人之处远远超出了语言文字的范围。

这首诗的基调气势恢宏、悲壮激昂。诗的前六句营造了极为悲愤的氛围，后两句笔锋一转，情绪由悲愤转化为激昂，从压抑转化为高亢。朗诵时，第一句中要注意“起”“一”“经”，“起”字缓起下行，“一”字要下抑，“经”字要上扬、短停。第二句的“四”字音可稍延长，重读，与背景吻合，当时的南宋王朝违背民意，打了四年仗，劳民伤财。同理，后面的“风”“雨”“说”“叹”“谁”“丹心”“照”都可作重音处理。例如，“丹心”为整篇诗的诗魂，处理时可以高起，适当拉长音节，稍加停顿，再接“照”字，语势顺势下行。

三、词

示例八

声声慢·寻寻觅觅

〔宋〕李清照

寻寻觅觅，冷冷清清，凄凄惨惨戚戚。乍暖还寒时候，最难将息。三杯两盏淡酒，怎敌他、晚来风急？雁过也，正伤心，却是旧时相识。

满地黄花堆积。憔悴损，如今有谁堪摘？守着窗儿，独自怎生得黑？梧桐更兼细雨，到黄昏、点点滴滴。这次第，怎一个愁字了得！

示例分析：在国破、家亡、夫死的特殊背景下，李清照的作品再也没有当年的清新可人、浅斟低唱，而转化为沉郁凄婉。这首词描写了她对亡夫赵明诚的怀念和自己孤单凄凉的境况。首句一连用了七组叠词，极富音乐美。宋词大部分是用来演唱的，因此音调和谐很重要。李清照对音律有着极深的造诣，所以这七组叠词朗读起来，有一种大珠小珠落玉盘的效果。反复吟唱，婉转凄楚，如听到一个伤心至极的人在低声倾诉。一种莫名的愁绪在心头和空气中弥漫开来，久久不散，余味无穷。

这首词的基调凄惨悲戚、情调悲怆。朗诵时，气息控制要灵活自如，声音多以虚实结合，语气丰富饱满，在低回婉转的语气中激发出感人肺腑的真挚情感。“寻寻觅觅，冷冷清清，凄凄惨惨戚戚”这一连串叠词开篇，朗诵时注意每个音节的吐字力度。“乍暖还寒时候，最难将息”两句应该连接紧密，语意要连贯，语势呼应。后面的内容应该尽力铺开，不能因为词为婉约风格而被限制。“雁过也，正伤心，却是旧时相识”要表现出哀痛中有一丝略带苦淡的欣慰。“这次第，怎一个愁字了得”这一句是文中的高潮部分，朗诵时节奏是舒缓的，情感极为丰富，内心极为悲痛。朗诵“这次第”时，体会诗人的欲说无语，欲泣无泪，心理上要有一个停顿。然后，这种情感再也无法掩饰，道出万般悲绪，读时语速加快，语调上扬，“愁”字重读，再稍作停顿，“了得”二字语速放慢，轻声传出，如在喉咽。

示例九

念奴娇·赤壁怀古

〔宋〕苏　轼

大江东去，浪淘尽，千古风流人物。故垒西边，人道是，三国周郎赤壁。乱石穿空，惊涛拍岸，卷起千堆雪。江山如画，一时多少豪杰。

遥想公瑾当年，小乔初嫁了，雄姿英发。羽扇纶巾，谈笑间，樯橹灰飞烟灭。故国神游，多情应笑我，早生华发。人生如梦，一尊还酹江月。

示例分析：这首词是宋代文学家苏轼的代表作，也是豪放派的代表作之一。此词通过对月夜江上壮阔美丽的景色描写，借对古代战场的凭吊和对风流人物气度、才略、功业的追念，曲折委婉地表达了作者怀才不遇、功业未就的忧愤之情，同时也表现了作者关注历史和感悟人生的旷达之心。全词借古抒怀，大气磅礴、雄浑苍凉、笔力遒劲、境界宏阔，将写景、咏史、抒情巧妙地融为一体，表现出震撼心魄的艺术力量。

朗诵这首词时，注意抒发情感和骋怀历史的比例调配。虽然写赤壁景色和周瑜气概的文字占篇幅较大，但作品的目的却是抒发自己的情感。因此，朗诵时要注意情感脉络的把控，借景抒情、情景再现、触景生情。声音把控要稳健自如，以亮音为主，坚实有力，语气舒缓且悠长，节奏时而快速时而舒缓，变换丰富且得体。

示例十

丑奴儿·书博山道中壁

〔宋〕辛弃疾

少年不识愁滋味，爱上层楼。爱上层楼，为赋新词强说愁。
而今识尽愁滋味，欲说还休。欲说还休，却道天凉好个秋。

示例分析：全词通过回顾少年时不知愁苦，衬托“而今”深深领略了愁苦的滋味，却又说不出道不出的情感，写出两种截然不同的思想感情的变化。这首词的首句“少年不识愁滋味”，乃是上阕的核心。作者年轻时根本不懂什么是忧愁，只喜欢登楼赏玩，效仿文人雅士抒发所谓的忧苦之情。下阕话锋转到如今，表明自己随着年岁的增长，对于这个“愁”字有了真切的体验。作者怀着报国的志向投奔南宋，本想与南宋政权同心协力，恢复大业。谁知，南宋政权不仅让他报国无门，而且还落得被削职闲居的境地，“一腔忠愤，无处发泄”，其心中的愁闷痛楚不难想象。而这所有的愁绪着重体现在一个“尽”字上，它包含了作者许多复杂的感受，成为整篇词作在思想感情上的一大转折。

朗诵时注意上下阕的对比，其中上阕语气直白，语势上扬，节奏轻快，注意对“愁”字的把握——分量很轻，愁绪清淡。而与之对比明显的下阕，是作者经历人间沧桑后的感慨，情绪内敛含蓄、浓郁厚重，整个语势以下抑为主，节奏低沉舒缓。

四、现当代诗歌

示例十一

我爱这土地

艾　青

假如我是一只鸟，
我也应该用嘶哑的喉咙歌唱：
这被暴风雨所打击着的土地，
这永远汹涌着我们的悲愤的河流，
这无止息地吹刮着的激怒的风，
和那来自林间的无比温柔的黎明……

——然后我死了，
连羽毛也腐烂在土地里面。
为什么我的眼里常含泪水？
因为我对这土地爱得深沉……

示例分析：这首诗创作于1938年，正值抗日战争年代、中华民族存亡之际。此时，诗人对日本帝国主义极为愤慨，强烈的爱国主义精神使得他发出了保家卫国、拯救国难、振兴中华的呼唤，写下了这首经典之作，深深地激励和感染了无数爱国之士。这首诗蕴含着深邃的主题和情怀，不管是艺术手法，还是感情内容，都非常值得我们耐心品味。全诗表现出一种极为"忧郁"的感情色彩，这种忧郁是对深受灾难创伤的祖国爱得深沉的内在感情的一种自然流露，它来源于民族的苦难，因此也显得格外动人。这里有深刻的忧患意识，有博大的历史襟怀，有浓烈的爱国真情。这种忧郁表现在两点：其一，强烈的抒情色彩。诗人用直白的抒情方式，表达自己对国家的感情。它像"誓词"一样严肃，又像"血"一样庄严，十分强烈，震撼人心。其二，写实和象征交织。作者用写实和象征的手法描绘了一组鲜明的诗歌意象，分别赋予"大地""河流""风""黎明"等意象不同的象征意味。"然后我死了，连羽毛也腐烂在土地里面"表达了诗人对土地坚韧执着的爱，无论生与死都要与国同在。最后两句"为什么我的眼里常含泪水？因为我对这土地爱得深沉……"再回归到土地这个意象上来，扣紧主题，深化了诗歌的意境。

这首诗的整体基调为凝重且深沉的。朗诵时，注意整体基调的把握，尤其是停连的处理要恰当，使诗的意境传达更具体、更生动。朗诵这首诗时气息量需求较大，要控制好气息，用声方面注意虚实转变，情感的爆发要有足够的心理依据，紧扣文本。"我也应该用嘶哑的喉咙"后面可以适当停顿，"咙"这个音节延长并稍扬。"歌唱"可以与后面的内容连接稍紧凑些，紧接"这被暴风雨所打击着的土地，这永远汹涌着我们的悲愤的河流，这无止息地吹刮着的激怒的风，和那来自林间的无比温柔的黎明……"，这几句的处理一定要一气呵成，前后呼应、连贯始终。"为什么我的眼里常含泪水？因为我对这土地爱得深沉……"前一句气息饱满，情感丰富，语势上扬，有一种"似问非问"之感，后一句语势缓落，语速变慢，气沉声抑，用极为饱满的感情回答。

示例十二

相信未来

食 指

当蜘蛛网无情地查封了我的炉台，

当灰烬的余烟叹息着贫困的悲哀，
我依然固执地铺平失望的灰烬，
用美丽的雪花写下：相信未来。
当我的紫葡萄化为深秋的露水，
当我的鲜花依偎在别人的情怀，
我依然固执地用凝霜的枯藤，
在凄凉的大地上写下：相信未来。
我要用手指那涌向天边的排浪，
我要用手掌那托起太阳的大海，
摇曳着曙光那支温暖漂亮的笔杆，
用孩子的笔体写下：相信未来。
我之所以坚定地相信未来，
是我相信未来人们的眼睛——
她有拨开历史风尘的睫毛，
她有看透岁月篇章的瞳孔。
不管人们对于我们腐烂的皮肉，
那些迷途的惆怅，失败的苦痛，
是寄予感动的热泪，深切的同情，
还是给以轻蔑的微笑，辛辣的嘲讽。
我坚信人们对于我们的脊骨，
那无数次地探索、迷途、失败和成功，
一定会给予热情、客观、公正的评定，
是的，我焦急地等待着他们的评定。
朋友，坚定地相信未来吧，
相信不屈不挠的努力，
相信战胜死亡的年轻，
相信未来，热爱生命。

示例分析：这首诗是食指创作于1968年的一首朦胧诗。该诗以深刻的思想、优美的意境、朗朗上口的诗风让人们懂得了在逆境中应该怎样好好生活，怎样自我鼓励，怎样恪守自己对明天的承诺。该诗曾以手抄本的形式在社会上广为流传，并迅速传颂于一代青年人的口中，食指因此也拥有了“知青诗魂”的称号。诗一开头就用“蜘蛛网”“炉台”“余烟”“灰烬”等几个意象，描绘出那个穷困、荒芜、艰难的时代。无论是否经历过那个时代,人们都会在心底涌起苦不堪言的强烈感触。而诗人却"用美丽的雪花写下:相信未来"。"雪花"既象征纯洁、质朴,也把乐观的情绪表现得格外真切,这是从艰难生活中升起的信念。第二诗节用"紫葡萄""深秋的露水""鲜花""别人的情怀""凝霜的枯藤"写出生命由鲜亮到黯淡,由热情到失意,由饱满到枯竭的经历,激起人们对人生中一切失意、落寞、不快的联想,而诗人"在凄凉的大地上写下:相信未来"的人格力量又强烈地震撼每一个人的心灵,这是从人生苦难中升起的信念。第三诗节"我要用手指那涌向天边的排浪,我要用手掌那托住太阳的大海",力量之大、范围之广、气势之猛前所未有,表现了诗人的满腔豪情。"摇曳着曙光那支温暖漂亮的笔杆"一句,把"曙光"比拟成"笔杆",富有想象力。"用孩子的笔体写下:相信未来"表达了诗人真挚、坦诚的思想:这是由真实内心升起的信念。这三个诗节一咏三叹,"相信未来"就像一首乐曲的主旋律,奏出了诗人心底的最强音。在那个阴云密布、精神痛苦的时代,《相信未来》在人们心灵上投下了一道希望之光。后面的诗节,首先,诗人相信"未来人们的眼睛"能"拨开历史风尘""看透岁月篇章"。其次,诗人不在乎人们对其肉体和经历的褒贬。再次,诗人坚信未来"人们对于我们的脊骨""一定会给予热情、客观、公正的评定","脊骨"就是不屈的信念和探索的精神。诗的最后一节,用热情的呼告,满怀激情地鼓舞人们"相信不屈不挠的努力,相信战胜死亡的年轻,相信未来,热爱生命"。诗以无可反驳的气势、无所畏惧的精神,向苦难的现实宣战。对"未来"的信念像大海上的太阳那样喷薄而出,强烈地震撼着每一位读者的灵魂。①

这首诗的总基调是热情坚定、催人上进、鼓舞人心、极具正能量的。诗中鞭策人们无论遇到多么艰辛、多么坎坷的生活,都要对未来充满信心,向命运发起挑战。前三节"相信未来"给人以力量和希望,朗诵时,要有具体的心理感受,语言应有一定的张力,注意层次性的体现,并掌控好"用美丽的雪花写下""在凄凉的大地上写下""用孩子的笔体写下"语气上的变化。接下来的语句朗诵时语气要坚定,情感要饱满,吐字要坚实有力,注意节奏的变化。最后一节作者直抒胸臆,呼吁大家坚定地相信未来,语气极具力量,鼓舞人心。"相信未来,热爱生命"将美好的憧憬与生命的礼赞尽情地表达出来,发声时要与情绪保持一致,根据自己独特的感受选择或深沉或豪迈的朗诵风格,但坚定热情的语气和态度是不可或缺的,因为这是本诗最为动人的内核。

---

① 严家炎.二十世纪中国文学作品选:下册[M].北京:高等教育出版社,2013:54.

示例十三

面朝大海，春暖花开

海　子

从明天起，做一个幸福的人
喂马、劈柴，周游世界
从明天起，关心粮食和蔬菜
我有一所房子，面朝大海，春暖花开
从明天起，和每一个亲人通信
告诉他们我的幸福
那幸福的闪电告诉我的
我将告诉每一个人
给每一条河每一座山取一个温暖的名字
陌生人，我也为你祝福
愿你有一个灿烂的前程
愿你有情人终成眷属
愿你在尘世获得幸福
我只愿面朝大海，春暖花开

示例分析：这首诗写于 1989 年 1 月 13 日，距诗人卧轨自杀只有两个多月的时间。作者是属于"黑夜给了我黑色的眼睛，我却用它寻找光明"的一代人，亲身经历了从 20 世纪六七十年代扼杀物欲、只讲精神，到 80 年代末期的摒弃精神、物欲横流的社会转型过程。面对现实，身为理想主义者的诗人困惑了，希望破灭了，觉得不能"诗意地栖居于世"了。同别人盲目沉醉于物质生活享受的幸福感比起来，诗人更多地感到来自内心分裂矛盾的痛苦。这篇诗歌便是他人生痛苦体验的结晶。

诗人海子是个理想主义者，这首诗的创作缘于他对现实的不满，因为理想无法实现而郁郁寡欢。海子写这首诗时用了大量的"从明天起"，可见他的不满有多么强烈。所以，明天，就是对他而言的未来。全诗共分三节，第一节表现了诗人对质朴、单纯而自由的人生境界的向往，对永恒、未知世界的探寻精神。第二节写诗人找寻到幸福后无法抑制的喜悦之情。第三节写诗人对未来、对世界的祝福。诗人将直抒胸臆与象征、暗示等手法结合起来，使这首诗既清澈又深厚，既明朗又含蓄，抒发了诗人向往美好幸福生活而又倍感孤独凄凉的心情。朗诵时一定要对文本分析到位，理解准确具体，只有这样，才可以用真实丰富的语言将诗的意境表达出来。

示例十四

我是一个任性的孩子

顾　城

也许
我是被妈妈宠坏的孩子
我任性
我希望
每一个时刻
都像彩色蜡笔那样美丽
我希望
能在心爱的白纸上画画
画出笨拙的自由
画下一只永远不会
流泪的眼睛
一片天空
一片属于天空的羽毛和树叶
一个淡绿的夜晚和苹果
我想画下早晨
画下露水
所能看见的微笑
画下所有最年轻的
没有痛苦的爱情
画下想象中
我的爱人
她没有见过阴云
她的眼睛是晴空的颜色
她永远看着我
永远，看着
绝不会忽然掉过头去
我想画下遥远的风景
画下清晰的地平线和水波
画下许许多多快乐的小河
画下丘陵——
长满淡淡的茸毛
我让它们挨得很近
让它们相爱
让每一个默许
每一阵静静的春天的激动
都成为一朵小花的生日
我还想画下未来
我没见过她，也不可能
但知道她很美
我画下她秋天的风衣
画下那些燃烧的烛火和枫叶
画下许多因为爱她
而熄灭的心
画下婚礼
画下一个个早早醒来的节日——
上面贴着玻璃糖纸
和北方童话的插图
我是一个任性的孩子
我想涂去一切不幸
我想在大地上
画满窗子
让所有习惯黑暗的眼睛
都习惯光明
我想画下风

画下一架比一架更高大的山岭
画下东方民族的渴望
画下大海——
无边无际愉快的声音
最后，在纸角上
我还想画下自己
画下一只树熊
他坐在维多利亚深色的丛林里
坐在安安静静的树枝上
发愣
他没有家
没有一颗留在远处的心
他只有，许许多多
浆果一样的梦
和很大很大的眼睛

我在希望
在想
但不知为什么
我没有领到蜡笔
没有得到一个彩色的时刻
我只有我
我的手指和创痛
只有撕碎那一张张
心爱的白纸
让它们去寻找蝴蝶
让它们从今天消失
我是一个孩子
一个被幻想妈妈宠坏的孩子
我任性

示例分析：这首诗从某种意义上来说是顾城作为“童话诗人”的代表性自白，它展示了诗人对于天真幻境的无限迷恋。在这首诗的写作背景方面，我们很难提出一个具体的语境。我们仅知道，1981 年，“文革”的岁月仿佛已经离得很远，但人间的痛苦依然存在，顾城此时已经失业，正与谢烨陷于热恋之中，爱与被爱使诗人对生命充满了童真的信念，仿佛世界可以由他“任性”地加以描绘和构筑。这是一个中国知识分子人文理想得到幻觉式膨胀的年代。在思想和文学领域，人们经常谈论的是人性的自由与解放，好像一旦获得这种解放，我们就可以企及真正的天堂。正是这两种浪漫主义交汇成了顾城的“童话”，“任性”只是打开这一童话的性格钥匙，或者只是一个个人化的理由，它使“童话”世界的呈现有了心灵的契机。这首诗还流露出顾城的一些重要的精神特质：作为“东方民族”个体的强烈的民族主义意识，作为流亡者的对“大海”的无限渴望，以及“涂去一切不幸”的浪漫主义立场。要理解顾城，就必须对这些精神特质给予必要的关注。然而，尽管顾城竭力营造着天真的幻想世界，这个“任性的孩子”最终不能走进他自己的话语乌托邦里，经过 37 年的努力，他发现这一切终究是徒劳的。最后，他用锋利的斧子拆毁了自己的童话。

这首诗集中体现了顾城的审美理想——追求一个纯洁、干净、和谐，没有矛盾，使人心情愉快的美好世界。诗人希望世界是多彩的、纯净的，人与人之间是真诚的、善良的，更希望用自己的力气，消除黑暗和恐惧。整首诗对“孩子”和“任性”的理解要到位，前者意味着纯真、美好的梦想，后者表达了追求心中梦想的那份执着与坚定。朗诵时，情感中蕴含着美好的想象和坚定的意志，划分层次要准确到位，吐字饱满，语气坚定，节奏变化丰富，表达细腻且充满希望。

示例十五

我愿意是急流

〔匈牙利〕裴多菲 （孙用 译）

我愿意是急流，
山间的小河，
在崎岖的路上、
岩石上住过……
只要我的爱人
是一条小鱼，
在我的浪花中，
快乐地游来游去。

我愿意是荒林，
在河流的两岸，
对一阵阵的狂风，
勇敢地作战……
只要我的爱人
是一只小鸟，
在我的稠密的
树枝间做窠，鸣叫。

我愿意是废墟，
在峻峭的山岩上，
这静默的毁灭，
并不使我懊丧……
只要我的爱人
是青青的常春藤，
沿着我荒凉的额，
亲密地攀援上升。

我愿意是草屋，
在深深的山谷底，
草屋的顶上，
饱受风雨的打击……
只要我的爱人
是可爱的火焰，
在我的炉子里，
愉快地缓缓闪现。

我愿意是云朵，
是灰色的破旗，
在广漠的空中，
懒懒地飘来荡去，
只要我的爱人
是珊瑚似的太阳，
傍着我苍白的脸，
显出鲜艳的辉煌。

示例分析：这首诗的创作背景是23岁的裴多菲在舞会上结识了伊尔诺茨伯爵的女儿尤丽娅，并对这位姑娘一见倾心。但伯爵却不愿把女儿嫁给裴多菲这样的穷诗人。面对这样的阻力，诗人对尤丽娅仍爱意不减，半年的时间里一直在创作。后来诗人和尤丽娅的感情关系柳暗花明、峰回路转，于是诗人燃起激情与真爱的火焰，抒写了真爱的誓言，创作了这首浪漫的诗歌。这首诗运用了对比、比喻等手法，感情炽烈、形象鲜活、感人至深。全诗总共五节，每一节都是以“我愿意是”开头的，并希望“只要我的爱人”在我的身边，充分展现了诗人浓烈、炽热、真挚的感情。

朗诵这首诗歌时，要注意层次性的把握，语感、语流的推动很重要。语气上从清新活泼到激昂有力、深沉凝重，再到欢喜热情、坚毅高昂，每一节都有自己的特色和个性，但总体感情是逐步丰富且浓烈的。朗诵时注意情感上的递进，“我愿意是”表现出诗人在爱情上的坚持和倔强，“只要”表现出诗人对爱情的深情投入，给人的感觉是畅快淋漓、毫无保留的。对诗歌表示意象的词语要处理得细腻些，“急流”“小鱼”“废墟”“常春藤”等在朗诵时要有真实感受，努力做到清晰自然、生动细致。另外，朗诵时气息及声音控制要灵活自如，吐字要饱满有力。

示例十六

当你老了

〔爱尔兰〕叶芝（袁可嘉 译）

当你老了，头发白了，睡意昏沉，
炉火旁打盹，请取下这部诗歌，
慢慢读，回想你过去眼神的柔和，
回想它们昔日浓重的阴影。

多少人爱你青春欢畅的时辰，
爱慕你的美丽，假意或真心，
只有一个人爱你那朝圣者的灵魂，
爱你衰老了的脸上痛苦的皱纹。
垂下头来，在红光闪耀的炉子旁，
凄然地轻轻诉说那爱情的消逝，
在头顶的山上它缓缓踱着步子，
在一群星星中间隐藏着脸庞。

示例分析:这首爱情诗是独特的,其独特来自诗人真挚的情感,假如没有这种情感,刻意去“别出心裁”,只会让人觉得做作。因而,本诗与其说是诗人在想象中讲述少女的暮年,不如说是诗人在向少女、向滔滔流逝的岁月剖白自己天地可鉴的真情。从这个意义上讲,打动我们的正是诗中发散出的那股哀伤无望,却又矢志无悔的真挚情感。整首诗韵律齐整,语言简明,意境优美。诗中没有华丽的辞藻,朴素平淡的文字背后却潜藏着磅礴的情感。叶芝在诗中表达出来的情感轨迹正可比喻为一条河流:先是在峡谷奔流,而后汇入大江,最后平静地消失在大海中。任何一个青春的心都不会也不愿去面对苍老、靠近死亡,因为这太沉重了。然而年轻的叶芝却站在时间的这一头,始终以一种平静、轻柔的语调来述说、想象女孩老去后的情景,将自己对她的爱恋之情抒发得淋漓尽致。

这首诗语言简洁明了,但感情真切丰富。诗人采用假设想象、对比反衬、象征升华等艺术表现手法,灵活再现了自己对爱人那份忠贞不渝的美好爱情。朗诵时,语气沉着宁静,节奏平稳舒缓,表达出诗人的真挚感情。

示例十七

你的微笑

〔智利〕聂鲁达(陈光孚 译)

你需要的话,可以拿走我的面包,
可以拿走我的空气,可是
别把你的微笑拿掉。

这朵玫瑰你别动它,
这是你的喷泉,
甘霖从你的欢乐当中
一下子就会喷发,
你的欢愉会冒出
突如其来的银色浪花。

我从事的斗争是多么艰苦,
每当我用疲惫的眼睛回顾,
常常会看到,
世界并没有天翻地覆,
可是,一望到你那微笑
冉冉地飞升起来寻找我,
生活的大门
一下子就都为我打开。

我的爱情啊,
在最黑暗的今朝
也会脱颖出你的微笑,
如果你突然望见
我的血洒在街头的石块上面,
你笑吧,因为你的微笑
在我的手中,
将变成一把锋利的宝刀。

秋日的海滨,

你的微笑
掀起飞花四溅的瀑布，
在春天，爱情的季节，
我更需要你的微笑，
它像期待着我的花朵，
蓝色的、玫瑰色的，
都开在我这回声四起的祖国。

微笑，它向黑夜挑战，
向白天，向月亮挑战，
向盘绕在岛上的
大街小巷挑战，
向爱着你的
笨小伙子挑战，
不管是睁开还是闭上
我的双眼，
当我迈开步子
无论是后退还是向前，
你可以不给我面包、空气、光亮和春天，
但是，你必须给我微笑，
不然，我只能立即长眠。

示例分析：诗人是一个为祖国的自由和独立而斗争的战士，长期从事着革命事业，尽管在艰难的斗争中付出了巨大的努力，但国家却并没有按照理想的目标真正发生改变。这难免使诗人对自己生活的意义和价值产生疑问，“可是，一望到你那微笑/冉冉地飞升越来寻我而来/生活的大门/一下子就都为我打开”。正是“你的微笑”，使诗人重新寻找到生活的价值，重新确立了生活的信念。因为爱，对祖国、对人民的爱，革命的事业重新变得具体而神圣，奋斗和牺牲都有了明确的目标和真正的意义。

这首诗乐观积极、格调明朗，文本中的“微笑”不是单纯的字面含义，而是表达了一种积极向上的精神力量、一种不畏艰险的乐观精神、一种浓烈的爱国情怀、一种战斗的革命热情。朗诵时，语调爽朗热情，语气豪放舒展，节奏控制灵活自如，意群处理恰当科学。尤其要打破常规的行与行之间固有的停连关系，对诗重新编排组合，使语意传达准确，语流顺畅得体。要把握好这首诗的整体意境，表达出诗人对美好生活的追求与热爱。

第三节 训练稿件

一、古体诗

稿件一

橘颂

〔战国〕屈　原

后皇嘉树，橘徕服兮。受命不迁，生南国兮。
深固难徙，更壹志兮。绿叶素荣，纷其可喜兮。
曾枝剡棘，圆果抟兮。青黄杂糅，文章烂兮。
精色内白，类任道兮。纷缊宜修，姱而不丑兮。
嗟尔幼志，有以异兮。独立不迁，岂不可喜兮。
深固难徙，廓其无求兮。苏世独立，横而不流兮。
闭心自慎，终不失过兮。秉德无私，参天地兮。
愿岁并谢，与长友兮。淑离不淫，梗其有理兮。
年岁虽少，可师长兮。行比伯夷，置以为像兮。

训练提示：这是一首托物言志的咏物诗，表面上歌颂橘树，实际是诗人对自己理想和人格的表白。表达时基调是明朗且开阔的。朗诵时，注意以下几点：首先，明确作者重咏物，更重抒怀；其次，把握作品的“神”，注意内在的神韵，橘的美好品质、作者的坚定意志在神韵层面是高度融合的；最后，注意诗作的节奏韵味，四个字开头，并以“兮”字结尾，句式正气而不乏变化，回环往复而又自由飘逸。

稿件二

白雪歌送武判官归京

〔唐〕岑　参

北风卷地白草折，胡天八月即飞雪。
忽如一夜春风来，千树万树梨花开。
散入珠帘湿罗幕，狐裘不暖锦衾薄。

将军角弓不得控，都护铁衣冷难着。
瀚海阑干百丈冰，愁云惨淡万里凝。
中军置酒饮归客，胡琴琵琶与羌笛。
纷纷暮雪下辕门，风掣红旗冻不翻。
轮台东门送君去，去时雪满天山路。
山回路转不见君，雪上空留马行处。

训练提示：这首诗的整体基调是低沉感伤的。朗诵时，要领会全诗用的四个“雪”字，细心体会出别前、饯别、临别、别后四个不同画面的雪景图像。本诗首先写野外雪景，把边区冬景比作南国春景。然后写帐内，通过描写人的感受，写出了天之奇寒。再写帐外，形象地勾勒出壮丽的塞外雪景与送别的特定环境。最后写送出军门，正是大雪纷飞时，大雪封山，山回路转，不见踪影，隐含离情别意。①

稿件三

琵琶行

〔唐〕白居易

浔阳江头夜送客，枫叶荻花秋瑟瑟。
主人下马客在船，举酒欲饮无管弦。
醉不成欢惨将别，别时茫茫江浸月。
忽闻水上琵琶声，主人忘归客不发。
寻声暗问弹者谁？琵琶声停欲语迟。
移船相近邀相见，添酒回灯重开宴。
千呼万唤始出来，犹抱琵琶半遮面。
转轴拨弦三两声，未成曲调先有情。
弦弦掩抑声声思，似诉平生不得志。
低眉信手续续弹，说尽心中无限事。
轻拢慢捻抹复挑，初为《霓裳》后《六幺》。
大弦嘈嘈如急雨，小弦切切如私语。
嘈嘈切切错杂弹，大珠小珠落玉盘。
间关莺语花底滑，幽咽泉流冰下难。

① 曾致.朗诵艺术指要[M].2版.北京：中国传媒大学出版社，2013：76.

冰泉冷涩弦凝绝，凝绝不通声渐歇。
别有幽愁暗恨生，此时无声胜有声。
银瓶乍破水浆迸，铁骑突出刀枪鸣。
曲终收拨当心画，四弦一声如裂帛。
东船西舫悄无言，唯见江心秋月白。
沉吟放拨插弦中，整顿衣裳起敛容。
自言本是京城女，家在虾蟆陵下住。
十三学得琵琶成，名属教坊第一部。
曲罢曾教善才服，妆成每被秋娘妒。
五陵年少争缠头，一曲红绡不知数。
钿头银篦击节碎，血色罗裙翻酒污。
今年欢笑复明年，秋月春风等闲度。
弟走从军阿姨死，暮去朝来颜色故。
门前冷落车马稀，老大嫁作商人妇。
商人重利轻别离，前月浮梁买茶去。
去来江口守空船，绕船月明江水寒。
夜深忽梦少年事，梦啼妆泪红阑干。
我闻琵琶已叹息，又闻此语重唧唧。
同是天涯沦落人，相逢何必曾相识。
我从去年辞帝京，谪居卧病浔阳城。
浔阳地僻无音乐，终岁不闻丝竹声。
住近湓江地低湿，黄芦苦竹绕宅生。
其间旦暮闻何物？杜鹃啼血猿哀鸣。
春江花朝秋月夜，往往取酒还独倾。
岂无山歌与村笛？呕哑嘲哳难为听。
今夜闻君琵琶语，如听仙乐耳暂明。
莫辞更坐弹一曲，为君翻作琵琶行。
感我此言良久立，却坐促弦弦转急。
凄凄不似向前声，满座重闻皆掩泣。
座中泣下谁最多？江州司马青衫湿。

训练提示：全诗可以分为送客、弹琴、讲述、感怀四个部分。朗诵时，要抓住这条脉络，注意各个部分的区别与统一，即送客之惆怅、乐曲之奇崛、讲述之悲苦、感怀之神伤。各个部分既有重点，又统一于凄清酸楚的整体基调中。节奏深沉舒缓，中间偶有高亢紧张。

稿件四

春江花月夜

〔唐〕张若虚

春江潮水连海平，海上明月共潮生。
滟滟随波千万里，何处春江无月明！
江流宛转绕芳甸，月照花林皆似霰。
空里流霜不觉飞，汀上白沙看不见。
江天一色无纤尘，皎皎空中孤月轮。
江畔何人初见月？江月何年初照人？
人生代代无穷已，江月年年望相似。
不知江月待何人，但见长江送流水。
白云一片去悠悠，青枫浦上不胜愁。
谁家今夜扁舟子？何处相思明月楼？
可怜楼上月徘徊，应照离人妆镜台。
玉户帘中卷不去，捣衣砧上拂还来。
此时相望不相闻，愿逐月华流照君。
鸿雁长飞光不度，鱼龙潜跃水成文。
昨夜闲潭梦落花，可怜春半不还家。
江水流春去欲尽，江潭落月复西斜。
斜月沉沉藏海雾，碣石潇湘无限路。
不知乘月几人归，落月摇情满江树。

训练提示：《春江花月夜》在思想与艺术上都超越了以前那些单纯咏叹山水的景物诗。诗人赋予一些屡见不鲜的传统题材以新的含义，融诗情、画意、哲理为一体。整首诗仿佛笼罩在一片空灵而迷茫的月色里，吸引着读者去探寻其中美的真谛。朗诵时，注意整体基调的和谐和具体意象的特点，做到整体风格统一，细节变化丰富。

稿件五

梦游天姥吟留别

〔唐〕李　白

海客谈瀛洲，烟涛微茫信难求。
越人语天姥，云霞明灭或可睹。
天姥连天向天横，势拔五岳掩赤城。
天台四万八千丈，对此欲倒东南倾。
我欲因之梦吴越，一夜飞度镜湖月。
湖月照我影，送我至剡溪。
谢公宿处今尚在，渌水荡漾清猿啼。
脚著谢公屐，身登青云梯。
半壁见海日，空中闻天鸡。
千岩万转路不定，迷花倚石忽已暝。
熊咆龙吟殷岩泉，栗深林兮惊层巅。
云青青兮欲雨，水澹澹兮生烟。
列缺霹雳，丘峦崩摧。
洞天石扉，訇然中开。
青冥浩荡不见底，日月照耀金银台。
霓为衣兮风为马，云之君兮纷纷而来下。
虎鼓瑟兮鸾回车，仙之人兮列如麻。
忽魂悸以魄动，恍惊起而长嗟。
惟觉时之枕席，失向来之烟霞。
世间行乐亦如此，古来万事东流水。
别君去兮何时还？
且放白鹿青崖间，须行即骑访名山。
安能摧眉折腰事权贵，使我不得开心颜！

训练提示：朗诵时，注意把握诗歌内容结构，开篇由他人谈瀛洲起笔，情绪状态宜缓入，语势平稳大气。中间部分写梦游天姥的见闻，朗诵时，注意纵横驰骋、亦真亦幻的变化，风格上清丽与雄浑交相辉映。结尾部分包含着诗人对人生几多失意的感慨，最后一句格调转为昂扬振奋、潇洒出尘。

稿件六

长恨歌

〔唐〕白居易

汉皇重色思倾国，御宇多年求不得。杨家有女初长成，养在深闺人未识。
天生丽质难自弃，一朝选在君王侧。回眸一笑百媚生，六宫粉黛无颜色。
春寒赐浴华清池，温泉水滑洗凝脂。侍儿扶起娇无力，始是新承恩泽时。
云鬓花颜金步摇，芙蓉帐暖度春宵。春宵苦短日高起，从此君王不早朝。
承欢侍宴无闲暇，春从春游夜专夜。后宫佳丽三千人，三千宠爱在一身。
金屋妆成娇侍夜，玉楼宴罢醉和春。姊妹弟兄皆列土，可怜光彩生门户。
遂令天下父母心，不重生男重生女。骊宫高处入青云，仙乐风飘处处闻。
缓歌慢舞凝丝竹，尽日君王看不足。渔阳鼙鼓动地来，惊破霓裳羽衣曲。
九重城阙烟尘生，千乘万骑西南行。翠华摇摇行复止，西出都门百余里。
六军不发无奈何，宛转蛾眉马前死。花钿委地无人收，翠翘金雀玉搔头。
君王掩面救不得，回看血泪相和流。黄埃散漫风萧索，云栈萦纡登剑阁。
峨眉山下少人行，旌旗无光日色薄。蜀江水碧蜀山青，圣主朝朝暮暮情。
行宫见月伤心色，夜雨闻铃肠断声。天旋地转回龙驭，到此踌躇不能去。
马嵬坡下泥土中，不见玉颜空死处。君臣相顾尽沾衣，东望都门信马归。
归来池苑皆依旧，太液芙蓉未央柳。芙蓉如面柳如眉，对此如何不泪垂。
春风桃李花开日，秋雨梧桐叶落时。西宫南内多秋草，落叶满阶红不扫。
梨园弟子白发新，椒房阿监青娥老。夕殿萤飞思悄然，孤灯挑尽未成眠。
迟迟钟鼓初长夜，耿耿星河欲曙天。鸳鸯瓦冷霜华重，翡翠衾寒谁与共。
悠悠生死别经年，魂魄不曾来入梦。临邛道士鸿都客，能以精诚致魂魄。
为感君王辗转思，遂教方士殷勤觅。排空驭气奔如电，升天入地求之遍。
上穷碧落下黄泉，两处茫茫皆不见。忽闻海上有仙山，山在虚无缥缈间。
楼阁玲珑五云起，其中绰约多仙子。中有一人字太真，雪肤花貌参差是。
金阙西厢叩玉扃，转教小玉报双成。闻道汉家天子使，九华帐里梦魂惊。
揽衣推枕起徘徊，珠箔银屏迤逦开。云鬓半偏新睡觉，花冠不整下堂来。
风吹仙袂飘飘举，犹似霓裳羽衣舞。玉容寂寞泪阑干，梨花一枝春带雨。
含情凝睇谢君王，一别音容两渺茫。昭阳殿里恩爱绝，蓬莱宫中日月长。
回头下望人寰处，不见长安见尘雾。惟将旧物表深情，钿合金钗寄将去。
钗留一股合一扇，钗擘黄金合分钿。但教心似金钿坚，天上人间会相见。

临别殷勤重寄词，词中有誓两心知。七月七日长生殿，夜半无人私语时。

在天愿作比翼鸟，在地愿为连理枝。天长地久有时尽，此恨绵绵无绝期。

训练提示：在这首长篇叙事诗里，作者以精练的语言、优美的形象，叙事和抒情结合的手法，叙述了唐玄宗、杨贵妃的爱情悲剧。朗诵时，注意全诗内在贯穿的情感，无论是对情节的叙述，还是对人物形象的描绘，都是在这种情感的统领之下进行的。

二、近体诗

稿件七　五言绝句

江雪

〔唐〕柳宗元

千山鸟飞绝，万径人踪灭。
孤舟蓑笠翁，独钓寒江雪。

静夜思

〔唐〕李　白

床前明月光，疑是地上霜。
举头望明月，低头思故乡。

登鹳雀楼

〔唐〕王之涣

白日依山尽，黄河入海流。
欲穷千里目，更上一层楼。

终南望余雪

〔唐〕祖　咏

终南阴岭秀，积雪浮云端。
林表明霁色，城中增暮寒。

江上渔者

〔宋〕范仲淹

江上往来人，但爱鲈鱼美。
君看一叶舟，出没风波里。

绝　句·其二

〔唐〕杜　甫

江碧鸟逾白，山青花欲燃。
今春看又过，何日是归年？

鹿　柴

〔唐〕王　维

空山不见人，但闻人语响。
返影入深林，复照青苔上。

相　思

〔唐〕王　维

红豆生南国，春来发几枝。
愿君多采撷，此物最相思。

问刘十九

〔唐〕白居易

绿蚁新醅酒，红泥小火炉。
晚来天欲雪，能饮一杯无？

山中送别

〔唐〕王　维

山中相送罢，日暮掩柴扉。
春草明年绿，王孙归不归？

登乐游原

〔唐〕李商隐

向晚意不适，驱车登古原。
夕阳无限好，只是近黄昏。

训练提示：以上几首诗属于五言绝句。五言绝句以小见大，在短句中包含着丰富的内容，有三个主要特点：(1)句数固定。只有四句，每句五字，总共二十字。(2)押韵严格。诗歌都是押韵的，有的句句押，有的隔句押，在隔句押韵上和古体诗没有本质区别。不可押仄韵且韵脚必须用同一韵中的字，不得用邻韵的字。(3)讲究平仄。在“平平—仄仄、仄仄—平平”的基础上加一个音节形成“平平—仄仄—平、仄仄—平平—仄、平平—平—仄仄、仄仄—仄—平平”四种基本句式。朗读时应明晓语义，明确节奏，把握基调，读出韵味。

稿件八　五言律诗

春　望

〔唐〕杜　甫

国破山河在，城春草木深。
感时花溅泪，恨别鸟惊心。
烽火连三月，家书抵万金。
白头搔更短，浑欲不胜簪。

赋得古原草送别

〔唐〕白居易

离离原上草，一岁一枯荣。
野火烧不尽，春风吹又生。
远芳侵古道，晴翠接荒城。
又送王孙去，萋萋满别情。

七步诗

〔三国〕曹　植

煮豆持作羹，漉菽以为汁。
萁在釜下燃，豆在釜中泣。
本是同根生，相煎何太急？

春夜喜雨

〔唐〕杜　甫

好雨知时节，当春乃发生。
随风潜入夜，润物细无声。
野径云俱黑，江船火独明。
晓看红湿处，花重锦官城。

前出塞九首·其六

〔唐〕杜　甫

挽弓当挽强，用箭当用长。
射人先射马，擒贼先擒王。
杀人亦有限，列国自有疆。
苟能制侵陵，岂在多杀伤。

长歌行

〔汉〕佚名

青青园中葵，朝露待日晞。
阳春布德泽，万物生光辉。
常恐秋节至，焜黄华叶衰。
百川东到海，何时复西归？
少壮不努力，老大徒伤悲。

月下独酌四首·其一

〔唐〕李　白

花间一壶酒，独酌无相亲。
举杯邀明月，对影成三人。
月既不解饮，影徒随我身。
暂伴月将影，行乐须及春。
我歌月徘徊，我舞影零乱。
醒时同交欢，醉后各分散。
永结无情游，相期邈云汉。

饮酒二十首·其五

〔晋〕陶渊明

结庐在人境，而无车马喧。
问君何能尔？心远地自偏。
采菊东篱下，悠然见南山。
山气日夕佳，飞鸟相与还。
此中有真意，欲辨已忘言。

送杜少府之任蜀州

〔唐〕王　勃

城阙辅三秦，风烟望五津。
与君离别意，同是宦游人。
海内存知己，天涯若比邻。
无为在歧路，儿女共沾巾。

训练提示：五言律诗是律诗的一种，属于近体诗范畴。律诗发源于南朝，由南齐沈约等讲究声律、对偶的新体诗演变而来，至初唐沈佺期、宋之问时基本定型，成熟于盛唐时期。对于唐代人来说，五言律诗是从五言古诗中脱胎出来的新诗体。它继承了五言古诗的句有定字和隔句押韵的原则，并且借鉴了骈体文的声律和对偶原则。朗诵五言律诗时，如果将其划分为三个语节，即“二二一”格式是可以的。但就词义和诗句内容来说，将其划分为“二三”格式更为合理些。如将“返影入深林”处理为“返影/入深/林”，“粒粒皆辛苦”处理为“粒粒/皆辛/苦”，就容易给人以隔断感，导致诗意不清、诗味不足。因此，朗诵时应对各个诗句进行具体而灵活的处理，展现诗的意境。

稿件九　七言绝句

望庐山瀑布

〔唐〕李　白

日照香炉生紫烟，遥看瀑布挂前川。
飞流直下三千尺，疑是银河落九天。

送孟浩然之广陵

〔唐〕李　白

故人西辞黄鹤楼，烟花三月下扬州。
孤帆远影碧空尽，惟见长江天际流。

早发白帝城

〔唐〕李　白

朝辞白帝彩云间，千里江陵一日还。
两岸猿声啼不住，轻舟已过万重山。

清明

〔唐〕杜 牧

清明时节雨纷纷，路上行人欲断魂。
借问酒家何处有？牧童遥指杏花村。

望天门山

〔唐〕李 白

天门中断楚江开，碧水东流至此回。
两岸青山相对出，孤帆一片日边来。

赠汪伦

〔唐〕李 白

李白乘舟将欲行，忽闻岸上踏歌声。
桃花潭水深千尺，不及汪伦送我情。

夜雨寄北

〔唐〕李商隐

君问归期未有期，巴山夜雨涨秋池。
何当共剪西窗烛，却话巴山夜雨时。

芙蓉楼送辛渐

〔唐〕王昌龄

寒雨连江夜入吴，平明送客楚山孤。
洛阳亲友如相问，一片冰心在玉壶。

回乡偶书二首·其一

〔唐〕贺知章

少小离家老大回，乡音无改鬓毛衰。
儿童相见不相识，笑问客从何处来。

滁州西涧

〔唐〕韦应物

独怜幽草涧边生，上有黄鹂深树鸣。
春潮带雨晚来急，野渡无人舟自横。

枫桥夜泊

〔唐〕张　继

月落乌啼霜满天，江枫渔火对愁眠。
姑苏城外寒山寺，夜半钟声到客船。

乌衣巷

〔唐〕刘禹锡

朱雀桥边野草花，乌衣巷口夕阳斜。
旧时王谢堂前燕，飞入寻常百姓家。

泊秦淮

〔唐〕杜　牧

烟笼寒水月笼沙，夜泊秦淮近酒家。
商女不知亡国恨，隔江犹唱后庭花。

春夜洛城闻笛

〔唐〕李　白

谁家玉笛暗飞声，散入春风满洛城。
此夜曲中闻折柳，何人不起故园情。

训练提示：七言绝句是绝句的一种，属于近体诗范畴。绝句由四句组成，有严格的格律要求。一般而言，七言绝句的第一、二、四句为平声同韵，第三句为仄声不同韵。朗诵七言绝句时注意两点：(1)讲究平仄、押韵与对仗。(2)划分好语节，表达出意境。

稿件十　七言律诗

游山西村

〔宋〕陆　游

莫笑农家腊酒浑，丰年留客足鸡豚。
山重水复疑无路，柳暗花明又一村。
箫鼓追随春社近，衣冠简朴古风存。
从今若许闲乘月，拄杖无时夜叩门。

蜀相

〔唐〕杜　甫

丞相祠堂何处寻？锦官城外柏森森。
映阶碧草自春色，隔叶黄鹂空好音。
三顾频烦天下计，两朝开济老臣心。
出师未捷身先死，长使英雄泪满襟。

黄鹤楼

〔唐〕崔　颢

昔人已乘黄鹤去，此地空余黄鹤楼。
黄鹤一去不复返，白云千载空悠悠。
晴川历历汉阳树，芳草萋萋鹦鹉洲。
日暮乡关何处是？烟波江上使人愁。

锦瑟

〔唐〕李商隐

锦瑟无端五十弦，一弦一柱思华年。
庄生晓梦迷蝴蝶，望帝春心托杜鹃。
沧海月明珠有泪，蓝田日暖玉生烟。
此情可待成追忆，只是当时已惘然。

登金陵凤凰台

〔唐〕李　白

凤凰台上凤凰游，凤去台空江自流。
吴宫花草埋幽径，晋代衣冠成古丘。
三山半落青天外，二水中分白鹭洲。
总为浮云能蔽日，长安不见使人愁。

渝州寄放王道矩

〔宋〕苏　轼

曾闻五月到渝州，水拍长亭砌下流。
惟有梦魂长缭绕，共论唐史更绸缪。

舟经故国岁时改，霜落寒江波浪收。
归梦不成冬夜永，厌闻船上报更筹。

闻官军收河南河北

〔唐〕杜　甫

剑外忽传收蓟北，初闻涕泪满衣裳。
却看妻子愁何在，漫卷诗书喜欲狂。
白日放歌须纵酒，青春作伴好还乡。
即从巴峡穿巫峡，便下襄阳向洛阳。

自咏

〔唐〕韩　愈

一封朝奏九重天，夕贬潮阳路八千。
本为圣朝除弊政，敢将衰朽惜残年。
云横秦岭家何在？雪拥蓝关马不前。
知汝远来应有意，好收吾骨瘴江边。

贫女

〔唐〕秦韬玉

蓬门未识绮罗香，拟托良媒益自伤。
谁爱风流高格调，共怜时世俭梳妆。
敢将十指夸针巧，不把双眉斗画长。
苦恨年年压金线，为他人作嫁衣裳。

长征

毛泽东

红军不怕远征难，万水千山只等闲。
五岭逶迤腾细浪，乌蒙磅礴走泥丸。
金沙水拍云崖暖，大渡桥横铁索寒。
更喜岷山千里雪，三军过后尽开颜。

训练提示：七言律诗是近体诗的一种，每首八行，每行七个字，每两行为一联，分别是首联、颔联、颈联和尾联。七言律诗的朗诵节奏，按意义可划分为“四三”，如“两岸猿声/啼不住”；按节奏可划分为“二二二一”，如“春风/不度/玉门/关”，或“二二一二”，如“人生/自古/谁/无死”等。但划分节奏不可以单看句式，还要联系意义的表达。

三、词

稿件十一

虞美人·春花秋月何时了

〔五代〕李　煜

春花秋月何时了？往事知多少。小楼昨夜又东风，故国不堪回首月明中。

雕栏玉砌应犹在，只是朱颜改。问君能有几多愁？恰似一江春水向东流。

训练提示：这首词通过今昔交错对比，表现了一个亡国之君的悲愁悔恨。朗诵时，注意对问句的处理，这些问句几乎是直接抒情，自问自答，越答越愁，愁绪不断。朗诵时，没有必要一气呵成，停顿可适当延长，突出重点。

稿件十二

相见欢·无言独上西楼

〔五代〕李　煜

无言独上西楼，月如钩。寂寞梧桐深院锁清秋。

剪不断，理还乱，是离愁，别是一般滋味在心头。

训练提示：这首词是作者被囚时所作，表现了他离乡失国的锥心怆痛。朗诵时，要有凄婉惆怅的心绪。上阕突出一种无奈感，下阕突出一种不如意、不可抗拒的情绪。气息控制自如，内在语的表达要准确，注意词的停顿和连接。

稿件十三

卜算子·我住长江头

〔宋〕李之仪

我住长江头，君住长江尾。日日思君不见君，共饮长江水。

此水几时休，此恨何时已。只愿君心似我心，定不负相思意。

训练提示:这首词描写了主人公深情的思念与叹息。句子虽短,但情意绵长,正所谓词淡意浓。上阕由景入情,下阕以抒情为主。朗诵时,语速较慢,情动于心,吐字用力恰到好处,语气坚定。

稿件十四

雨霖铃·寒蝉凄切

〔宋〕柳　永

寒蝉凄切,对长亭晚,骤雨初歇。都门帐饮无绪,留恋处,兰舟催发。执手相看泪眼,竟无语凝噎。念去去,千里烟波,暮霭沉沉楚天阔。

多情自古伤离别,更那堪冷落清秋节!今宵酒醒何处?杨柳岸,晓风残月。此去经年,应是良辰好景虚设。便纵有千种风情,更与何人说?

训练提示:这首词的基调为凄凉愁楚。朗诵时,注意句群的划分,语势尽量做到前后呼应,语句不要散。节奏在富于变化的同时要连贯,语意表达要清晰。

稿件十五

蝶恋花·伫倚危楼风细细

〔宋〕柳　永

伫倚危楼风细细。望极春愁,黯黯生天际。草色烟光残照里,无言谁会凭阑意。

拟把疏狂图一醉。对酒当歌,强乐还无味。衣带渐宽终不悔,为伊消得人憔悴。

训练提示:此词上阕写登高望远所引起的无尽离愁,以迷离的景物烘托出凄楚悲凉的氛围;下阕写主人公为消释离愁决意痛饮狂歌,但强颜欢笑终觉无味,最后以健笔写柔情,自誓甘愿为思念伊人而日渐消瘦憔悴。全词巧妙地把漂泊异乡的落魄感受与怀念意中人的缠绵情思融为一体,表现了主人公坚毅的性格与执着的态度。

稿件十六

水调歌头·明月几时有

〔宋〕苏　轼

明月几时有?把酒问青天。不知天上宫阙,今夕是何年。我欲乘风归去,又恐琼楼玉宇,高处不胜寒。起舞弄清影,何似在人间?

转朱阁，低绮户，照无眠。不应有恨，何事长向别时圆？人有悲欢离合，月有阴晴圆缺，此事古难全。但愿人长久，千里共婵娟。

训练提示：这首词的基调是洒脱自在、收放自如的。朗诵时，注意要将这种气势宏伟、驰骋豪迈的情形表现出来。上阕作者先是对青天发出迷茫的痴问，而后语气逐渐舒展。作者怀有理想，但面对现实，感受到的却是孤独冷酷。下阕作者做一转折，显示其开阔的心胸与超远的志向。朗诵时，注意前后情绪的不同。

稿件十七

如梦令·常记溪亭日暮

〔宋〕李清照

常记溪亭日暮，沉醉不知归路。
兴尽晚回舟，误入藕花深处。
争渡，争渡，惊起一滩鸥鹭。

训练提示：这首词淡雅清秀、静中有动，表现了李清照卓尔不群的情趣和阔达洒脱的性格。朗诵时，注意把握自然恬淡、朴实无华的基调。

稿件十八

满江红·怒发冲冠

〔宋〕岳　飞

怒发冲冠，凭栏处、潇潇雨歇。抬望眼，仰天长啸，壮怀激烈。三十功名尘与土，八千里路云和月。莫等闲、白了少年头，空悲切！

靖康耻，犹未雪。臣子恨，何时灭！驾长车，踏破贺兰山缺。壮志饥餐胡虏肉，笑谈渴饮匈奴血。待从头、收拾旧山河，朝天阙！

训练提示：这首词表现了一种浩然的英雄气概，表达了作者忧国报国的壮志胸怀。朗诵时，上阕低沉雄壮、慷慨壮烈，下阕高亢昂扬、气势磅礴。最后一句“朝天阙”语速可放慢，声音高强、情感激越、语势常扬。

稿件十九

钗头凤·红酥手

〔宋〕陆　游

红酥手，黄縢酒，满城春色宫墙柳。东风恶，欢情薄。一怀愁绪，几年离索。错，错，错！

春如旧，人空瘦，泪痕红浥鲛绡透。桃花落，闲池阁。山盟虽在，锦书难托。莫，莫，莫！

训练提示：这首词的基调整体为沉郁缓慢。"东风恶"，词情陡转，语气上可加强，表示出对封建势力的不满和控诉。"错，错，错"三个字，一个字一停顿，语气加强，表达出作者沉重、痛苦的心境。

稿件二十

江城子·乙卯正月二十日夜记梦

〔宋〕苏　轼

十年生死两茫茫，不思量，自难忘。千里孤坟，无处话凄凉。纵使相逢应不识，尘满面，鬓如霜。

夜来幽梦忽还乡，小轩窗，正梳妆。相顾无言，惟有泪千行。料得年年肠断处，明月夜，短松冈。

训练提示：这首词是一首悼亡词，表达了作者对亡妻深深的思念之情，表达情意委婉曲折，令人肝肠寸断。上、下阕虚实相衬的描写手法非常特别，上阕写实，下阕写虚。这首词的基调是悲凉失落的。朗诵时，上阕注意停连的技巧，深刻揭示作者内心的情感；下阕注意语势把握，"料得年年肠断处"采用上山语势，音量适当加大，语速加快，最后两句语速渐慢，音量渐收，表达过程中注意吐字力度的把握。

四、现当代诗歌

稿件二十一

我是不会变心的

何　达

我是不会变心的，
就是不会变。
大理石雕成像，
铜铸成钟，
而我这个人，
是用忠诚制造，
即使破了，碎了，
我片片都是忠诚。
在淡淡的月光中，
你看到我的字条时，
请认清我的笔迹，
如果笔迹是真实，
一切都真。
我向你要求什么呢，
不，一无所求，
我只要能爱，
能在活着的时候贡献自己的一切。
也许，
我要求的只是你的信任。
我们的爱，
不是私相授受，
我们的爱，
是集中在一个目标上的火花。
啊，当我走近你的时候，
周围都是芬芳；
当我离开你的时候，
还带着你的余香；
那是你美德的香味，
丝丝缕缕都化为我的涵养。
我承认，
我常想着你。
在我行动的时候，
你是我的勇敢；
在我沉思的时候，
你是我的冷静；
在我睡去的时候，
你是我的微笑；
在我激动的时候，
你是我的泪水。
哦，在我受伤的时候，
你从没有用姑息使我软弱；
我流血过多的时候，
你也毫不惊慌；
我软弱的时候，
你是支持我的力量。
我知道，
我不属于你，
你不属于我，
我们是连接在一根钢轴上的两个车轮，
我们同属于这个伟大的时代。

训练提示:这首诗表现出诗人对爱人的忠贞不渝,但又不仅限于此。诗歌的主题是“忠诚”,因此,这首诗也表现了诗人对祖国、对理想、对事业的赤胆忠心。朗诵时,感情真挚,用气灵活自如,声音饱满有力。另外,还要注意把握诗的层次性。

稿件二十二

赞美

穆　旦

走不尽的山峦和起伏,河流和草原,
数不尽的密密的村庄,鸡鸣和狗吠,
接连在原是荒凉的亚洲的土地上,
在野草的茫茫中呼啸着干燥的风,
在低压的暗云下唱着单调的东流的水,
在忧郁的森林里有无数埋藏的年代。
它们静静地和我拥抱:
说不尽的故事是说不尽的灾难,沉默的
是爱情,是在天空飞翔的鹰群,
是干枯的眼睛期待着泉涌的热泪,
当不移的灰色的行列在遥远的天际爬行;
我有太多的话语,太悠久的感情,
我要以荒凉的沙漠,坎坷的小路,骡子车,
我要以槽子船,漫山的野花,阴雨的天气,
我要以一切拥抱你,你,
我到处看见的人民呵,
在耻辱里生活的人民,佝偻的人民,
我要以带血的手和你们一一拥抱。
因为一个民族已经起来。
一个农夫,他粗糙的身躯移动在田野中,
他是一个女人的孩子,许多孩子的父亲,
多少朝代在他的身边升起又降落了
而把希望和失望压在他身上,
而他永远无言地跟在犁后旋转,
翻起同样的泥土溶解过他祖先的,

是同样的受难的形象凝固在路旁。
在大路上多少次愉快的歌声流过去了,
多少次跟来的是临到他的忧患;
在大路上人们演说,叫嚣,欢快,
然而他没有,他只放下了古代的锄头,
再一次相信名词,溶进了大众的爱,
坚定地,他看着自己溶进死亡里,
而这样的路是无限的悠长的
而他是不能够流泪的,
他没有流泪,因为一个民族已经起来。
在群山的包围里,在蔚蓝的天空下,
在春天和秋天经过他家园的时候,
在幽深的谷里隐着最含蓄的悲哀:
一个老妇期待着孩子,许多孩子期待着
饥饿,而又在饥饿里忍耐,
在路旁仍是那聚集着黑暗的茅屋,
一样的是不可知的恐惧,一样的是
大自然中那侵蚀着生活的泥土,
而他走去了从不回头诅咒。
为了他我要拥抱每一个人,
为了他我失去了拥抱的安慰,
因为他,我们是不能给以幸福的,
痛哭吧,让我们在他的身上痛哭吧,
因为一个民族已经起来。
一样的是这悠久的年代的风,
一样的是从这倾圮的屋檐下散开的
无尽的呻吟和寒冷,
它歌唱在一片枯槁的树顶上,
它吹过了荒芜的沼泽,芦苇和虫鸣,
一样的是这飞过的乌鸦的声音。
当我走过,站在路上踯躅,
我踯躅着为了多年耻辱的历史

仍在这广大的山河中等待,
等待着,我们无言的痛苦是太多了,
然而一个民族已经起来,
然而一个民族已经起来。

训练提示:《赞美》写于1941年12月,正是抗日战争最艰苦的敌我“相持阶段”。理解这首诗应当记住三点:一是对民族生存现状的痛苦记忆;二是对坚忍不拔的民族性格的深思;三是对中华民族顽强生命力的赞美。诗人运用西方现代主义的诗歌技巧,用深沉而充满激情的诗句,向我们展示了他真切的感受和真诚的呼喊。朗诵时,注意基调的把握,低沉抒情中,内心要有一种强大的力量。另外,不同段落中的“一个民族已经起来”朗诵时要有层次感。

稿件二十三

河床

昌　耀

我从白头的巴颜喀拉走下。
白头的雪豹默默卧在鹰的城堡,目送我走向远方。
但我更是值得骄傲的一个。
我老远就听到了唐古特人的那些马车。
我轻轻地笑着,并不出声。
我让那些早早上路的马车,沿着我的堤坡,鱼贯而行。
那些马车响着刮木、像奏着迎神的喇叭,登上了我的胸脯。
轮子跳动在我鼓囊囊的肌块。
那些裹着冬装的唐古特车夫也伴着他们的辕马
谨小慎微地举步,随时准备拽紧握在他们手心的刹绳。
他们说我是巨人般躺倒的河床。
他们说我是巨人般屹立的河床。
是的,我从白头的巴颜喀拉走下。
我是滋润的河床;
我是枯干的河床;
我是浩荡的河床。
我的令名如雷贯耳。

我坚实、宽厚、壮阔,我是发育完备的雄性美。
我创造,我须臾不停地
向东方大海排泄我那不竭的精力。
我刺肤文身,让精心显示的那些图形可被仰观而不可近狎。
我喜欢向霜风透露我体魄之多毛。
我让万山洞开,好叫钟情的众水投入我博爱的襟怀。
我是父亲。
我爱听秃鹰长唳,他有少年的声带。他的目光有少女的媚眼。
他的翼轮双展之舞可让血流沸腾。
我称誉在我隘口的深雪潜伏达旦的那个猎人。
也同等地欣赏那头三条腿的母狼。
她在长夏的每一次黄昏都要从我的阴影跛向天边的彤云。
也永远怀念你们——消逝了的黄河象
我在每一个瞬间都同时看到你们。
我在每一个瞬间都表现为大千众相。
我是屈曲的峰峦,是下陷的断层,是切开的地峡,
是眩晕的飓风。
是纵的河床,是横的河床,是总谱的主旋律。
我一身织锦,一身珠宝,一身黄金。
我张弛如弓,我拓荒千里。
我是时间,是古迹,是宇宙洪荒的一片胯骨化石。
是始皇帝,
我是排列成阵的帆墙,是广场,是通都大邑,
是展开的景观。
是不可测度的深渊,
是结构力,是驰道,是不可克的球门。
我把龙的形象重新推上世界的前台。
而现在我仍转向你们白头的巴颜喀拉。
你们的马车已满载昆山之玉,走向归程。
你们的麦种在农妇的胝掌准时地亮了。
你们的团圞月正从我的脐蒂升起。
我答应过你们,我说潮汛即刻到来,

而潮汛已经到来……

训练提示：《河床》以第一人称的口吻来写，不仅传达出神秘和阳刚的奇异感觉，而且显示出母亲河的精神生命。正是这种神秘、孤寂、阳刚、大气的气质与诗人自身生命过程中折射出的情绪交叉综合在一起，使我们感受到一个特殊年代诗人命运的行迹，一种劫后余生的生命律动。朗诵时，要展示出这种悠远浩瀚、包容博大的情怀。

稿件二十四

热爱生命

汪国真

我不去想，
是否能够成功，
既然选择了远方，
便只顾风雨兼程。
我不去想，
能否赢得爱情，
既然钟情于玫瑰，
就勇敢地吐露真诚。
我不去想，
身后会不会袭来寒风冷雨，
既然目标是地平线，
留给世界的只能是背影。
我不去想，
未来是平坦还是泥泞，
只要热爱生命，
一切，都在意料之中。

训练提示：这首诗告诉人们为何要热爱生命。诗中的四个段落分别以"成功""爱情""目标"和"未来"为意象进行分析和回答，朗诵时，要饱含对生活的热爱之情。

稿件二十五

我微笑着走向生活

汪国真

我微笑着走向生活，
无论生活以什么方式回敬我。
报我以平坦吗？
我是一条欢乐奔流的小河。
报我以崎岖吗？
我是一座大山庄严地思索！
报我以幸福吗？
我是一只凌空飞翔的燕子。
报我以不幸吗？
我是一根劲竹经得起千击万磨！
生活里不能没有笑声，
没有笑声的世界该是多么寂寞。
什么也改变不了我对生活的热爱，
我微笑着走向火热的生活！

训练提示：无论现实怎样，我都选择微笑着面对生活。诗人运用了拟人与比喻的修辞手法，令诗鲜明生动、积极向上。朗诵时，节奏明快，感情真挚朴实。

稿件二十六

光的赞歌（节选）

艾 青

每个人的一生
不论聪明还是愚蠢
不论幸福还是不幸
只要他一离开母体
就睁着眼睛追求光明

世界要是没有光
等于人没有眼睛
航海的没有罗盘
打枪的没有准星

世界要是没有光

也就没有扬花飞絮的春天
也就没有百花争艳的夏天
也就没有金果满园的秋天
也就没有大雪纷飞的冬天

世界要是没有光
看不见奔腾不息的江河
看不见连绵千里的森林
看不见容易激动的大海
看不见那老人似的雪山
要是我们什么都看不见
我们对这世界还有什么留恋

只是因为有了光
我们的大千世界
才显得绚丽多彩
人间也显得可爱

山野的篝火是美的
港湾的灯塔是美的
夏夜的繁星是美的
庆祝胜利的焰火是美的
一切的美都和光在一起

但是有人害怕光
有人对光满怀仇恨
因为光所发出的针芒
刺痛了他们自私的眼睛

历史上的所有暴君
各个朝代的奸臣
一切贪婪无厌的人
为了偷窃财富、垄断财富
千方百计想把光监禁

他们想把火扑灭
在无边的黑暗里
在岩石所砌的城堡里
维持血腥的统治

他们占有权力的宝座
一手是勋章、一手是皮鞭
一边是金钱、一边是锁链
进行着可耻的政治交易
完了就举行妖魔的舞会
和血淋淋的人肉的欢宴

回顾人类的历史
曾经有多少年代
沉浸在苦难的深渊
黑暗凝固得像花岗岩

然而人间也有多少勇士
用头颅去撞开地狱的铁门

暴风雨中的雷声特别响
乌云深处的闪电特别亮

只有通过漫长的黑夜
才能喷涌出火红的太阳

每一个人都是
银河星云中的一粒微尘
即使是恒河岸边的细沙

也能反映出比本身更大的光

在这个茫茫的世界上
我曾经为被凌辱的人们歌唱
我曾经为受欺压的人们歌唱
我歌唱抗争，我歌唱革命
在黑夜里我把希望寄托给黎明
在胜利的欢欣中歌唱太阳

我们的祖先是光荣的
他们为我们开辟了道路

现在我们正开始新的长征
这个长征不只是二万五千里的路程
我们要逾越的也不只是十万大山
我们要攀登的也不只是千里岷山
我们要夺取的也不只是金沙江、大渡河
我们要抢渡的是更多、更险的流口
我们在攀登中将要遇到更大的风雪、更多的冰川……
但是光在召唤我们前进
光在鼓舞我们、激励我们
光给我们送来了新时代的黎明
我们的人民从四面八方高歌猛进

让信心和勇敢伴随着我们
武装我们的是最美好的理想
我们是和最先进的阶级在一起
我们的心胸燃烧着希望
我们前进的道路铺满阳光

让我们以最高的速度飞翔吧
让我们以大无畏的精神飞翔吧
让我们从今天出发飞向明天

或许有一天，总有一天
我们这个最古老的民族
将接受光的邀请
去叩开那些紧闭的大门
访问我们所有的芳邻

让我们从地球出发
出发，出发，
飞向太阳……

训练提示：艾青一生从来没有停止过对光的追求。在他的诗歌中，光是重要的创作对象。光，是希望；光，是未来。诗人遇到过很多坎坷，正是对于光的强烈信念，才使他跨越了一个又一个阻碍。朗诵时，注意情感丰富细腻，内心坚定不移，语言张弛有力，用极强的感染力，振奋人心。

稿件二十七

一棵开花的树

席慕蓉

如何让你遇见我
在我最美丽的时刻

为这
我已在佛前求了五百年
求佛让我们结一段尘缘
佛于是把我化做一棵树
长在你必经的路旁

阳光下
慎重地开满了花
朵朵都是我前世的盼望

当你走近
请你细听
那颤抖的叶
是我等待的热情

而当你终于无视地走过
在你身后落了一地的
朋友啊
那不是花瓣
那是我凋零的心

训练提示：这是作者写给自然界的一首情诗，后来被大家理解为爱情诗，这或许就是诗歌的魅力所在吧。诗中的语言淡雅剔透、深情灵动，饱含着对生命的挚爱真情。朗诵时，情感细腻且丰富，节奏稍缓。

稿件二十八

不是再见

顾　城

我们告别了两年
告别的结果
总是再见
今夜，你真要走了
真的走了，不是再见

还需要什么？
手凉凉的，没有手绢
是信么？信？
在那个纸叠的世界里
有一座我们的花园

我们曾在花园里游玩
在干净的台阶上画着图案

我们和图案一起跳舞
跳着，忘记了天是黑的
巨大的火星还在缓慢旋转

现在，还是让火焰读完吧
它明亮地微笑着
多么温暖
我多想你再看我一下
然而，没有，烟在飘散

你走吧，爱还没有烧完
路还可以看见
走吧，越走越远
当一切在虫鸣中消失
你就会看见黎明的栅栏

请打开那栅栏的门扇
静静地站着，站着
像花朵那样安眠
你将在静默中得到太阳
得到太阳，这就是我的祝愿

训练提示：这是一首爱情诗。爱情虽然破裂了，但诗人依然带着孩子般的纯真。诗人用极为浪漫的方法来写作，使全诗都停留在单纯的心灵范围之内，好像两个分手的恋人的心都是透明的。朗诵时，语速适中，注意心绪平静而天真。

稿件二十九

有的人

臧克家

——纪念鲁迅逝世十三周年有感

有的人活着，
他已经死了；
有的人死了，
他还活着。
有的人，
骑在人民头上："呵，我多伟大！"
有的人，
俯下身子给人民当牛马。
有的人，
把名字刻入石头，想"不朽"；
有的人，
情愿做野草，等着地下的火烧。
有的人，
他活着别人就不能活；
有的人，
他活着为了多数人更好地活。
骑在人民头上的，
人民把他摔垮；
给人民作牛马的，
人民永远记住他！
把名字刻入石头的，
名字比尸首烂得更早；
只要春风吹到的地方，
到处是青青的野草。

他活着别人就不能活的人，
他的下场可以看到；

他活着为了多数人更好地活的人，
群众把他抬举得很高，很高。

训练提示：这首诗热情歌颂了鲁迅“俯首甘为孺子牛”的革命精神，嘲讽和鞭挞了反动统治者的丑恶行径。朗诵时，注意把握诗人情感的脉络，加深对诗歌主旨的理解。全诗感情表达强烈，融入了作者爱憎分明的真挚情感。

稿件三十

再别康桥

徐志摩

轻轻的我走了，
正如我轻轻的来；
我轻轻的招手，
作别西天的云彩。

那河畔的金柳，
是夕阳中的新娘；
波光里的艳影，
在我的心头荡漾。

软泥上的青荇，
油油的在水底招摇；
在康河的柔波里，
我甘心做一条水草！

那榆荫下的一潭，
不是清泉，
是天上虹；
揉碎在浮藻间，
沉淀着彩虹似的梦。

寻梦？撑一支长篙，
向青草更青处漫溯；
满载一船星辉，
在星辉斑斓里放歌。

但我不能放歌，
悄悄是别离的笙箫；
夏虫也为我沉默，
沉默是今晚的康桥！

悄悄的我走了，
正如我悄悄的来；
我挥一挥衣袖，
不带走一片云彩。

训练提示：朗诵时，应以作者情感的变化为主线，采用虚实相间的表达手法，将景物与想象糅合在一起，达到景中有情、情中有景的意境。朗诵语言清新秀丽，节奏轻柔委婉、和谐自然。

稿件三十一

雨巷

戴望舒

撑着油纸伞,
独自彷徨在悠长、悠长
又寂寥的雨巷
我希望逢着
一个丁香一样地
结着愁怨的姑娘

她是有
丁香一样的颜色
丁香一样的芬芳
丁香一样的忧愁
在雨中哀怨
哀怨又彷徨

她彷徨在这寂寥的雨巷
撑着油纸伞
像我一样
像我一样地
默默彳亍着
冷漠、凄清,又惆怅

她默默地走近
走近,又投出
太息一般的眼光
她飘过
像梦一般地
像梦一般地凄婉迷茫

像梦中飘过
一枝丁香地
我身旁飘过这女郎
她静默地远了、远了
到了颓圮的篱墙
走尽这雨巷

在雨的哀曲里
消了她的颜色
散了她的芬芳
消散了,甚至她的
太息般的眼光
丁香般的惆怅

撑着油纸伞,独自
彷徨在悠长、悠长
又寂寥的雨巷
我希望飘过
一个丁香一样地
结着愁怨的姑娘

训练提示:朗诵时,应含蓄地表达出作者既迷惘感伤,又满怀期待的情怀,给听众带来一种朦胧而又幽深的美感。

稿件三十二

祖国啊，我亲爱的祖国

舒　婷

我是你河边上破旧的老水车
数百年来纺着疲惫的歌
我是你额上熏黑的矿灯
照你在历史的隧洞里蜗行摸索
我是干瘪的稻穗，是失修的路基
是淤滩上的驳船
把纤绳深深
勒进你的肩膊
—— 祖国啊
我是贫困
我是悲哀
我是你祖祖辈辈
痛苦的希望啊
是“飞天”袖间
千百年来未落到地面的花朵
—— 祖国啊
我是你簇新的理想
刚从神话的蛛网里挣脱
我是你雪被下古莲的胚芽
我是你挂着眼泪的笑窝
我是新刷出的雪白的起跑线
是绯红的黎明
正在喷薄
—— 祖国啊
我是你的十亿分之一
是你九百六十万平方的总和
你以伤痕累累的乳房
喂养了
迷惘的我、深思的我、沸腾的我
那就从我的血肉之躯上
去取得
你的富饶、你的荣光、你的自由
—— 祖国啊
我亲爱的祖国

训练提示：这首诗的前半部分艰辛深挚，后半部分激越豪迈，整体基调雄浑大气、激情澎湃。朗诵时，情感的酝酿有如走过一段历史的隧洞，经历了艰难的、痛苦的过程，后来是明朗的、热烈的歌颂，注意层次的层层递进。

稿件三十三

致橡树

舒　婷

我如果爱你——
绝不像攀援的凌霄花，
借你的高枝炫耀自己；

我如果爱你——
绝不学痴情的鸟儿，
为绿荫重复单调的歌曲；

也不止像泉源，
常年送来清凉的慰藉；
也不止像险峰，增加你的高度，衬托你的威仪。

甚至日光，
甚至春雨。

不，这些都还不够！
我必须是你近旁的一株木棉，
作为树的形象和你站在一起。

根，紧握在地下；
叶，相触在云里。

每一阵风过，
我们都互相致意，
但没有人，
听懂我们的言语。

你有你的铜枝铁干，
像刀，像剑，也像戟；
我有我的红硕花朵，
像沉重的叹息，
又像英勇的火炬。

我们分担寒潮、风雷、霹雳；
我们共享雾霭、流岚、虹霓。
仿佛永远分离，
却又终身相依。

这才是伟大的爱情，
坚贞就在这里：

不仅爱你伟岸的身躯，
也爱你坚持的位置，
足下的土地。

训练提示：朗诵时，开始不用太着力，语势平缓、流畅自如、蓄势待发。“我必须是你近旁的一株木棉，作为树的形象和你站在一起。”后面语气要坚定，既有理性的述说，也有热烈的抒情。

稿件三十四

乡愁

余光中

小时候，
乡愁是一枚小小的邮票，
我在这头，母亲在那头。

长大后，
乡愁是一张窄窄的船票，
我在这头，新娘在那头。

后来啊，
乡愁是一方矮矮的坟墓，
我在外头，母亲在里头。

而现在，
乡愁是一湾浅浅的海峡，
我在这头，大陆在那头。

训练提示：诗人淋漓尽致地书写了不同时期的思乡之情。在字里行间，从亲情、爱情上升到家国之情。朗诵时，注意调动自己内心深处真诚质朴的感情，语速适中，情感真挚。

稿件三十五

父母之河

雷抒雁

我在繁华喧嚣的都市
突然思念黄河
那是条从冰雪洪荒中
流来的河
是从沙漠黄土中
流过的河
那条河，像大树的巨根
向四周伸出万千根须……
泥黄色的河水
以粗犷的喉咙
唱着雄浑的歌
唱着千百万年
短促的岁月
唱着千百万年
激荡的生活
我从爷爷那布满皱褶的脸上
认识这条河的
那被风的雕琢、汗的冲刷
刻出深深的沟壑
刻出流淌苦涩命运的河床
流淌着太阳的火
从爷爷青筋纵横的手背上
我也认识了这条河
那是勤劳和负担
所扭结的曲折
那是野菜和粗粮
所酿造的浑浊
那里，流淌着因为压榨
而不平的沉默
我的黄河水
不是从天上来的
是从母亲们干瘪的乳房里
一点一滴挤出来的
是从战乱和灾难的伤口里
一股一股流出来的
是没有光亮的热

从冰川上融化而来的
是无言的痛苦和无言的欢乐
从眼角上涌流而来的……
当我还在母腹蠕动之时
黄河之水，就通过脐带
进入我的血管
进入我的生命
进入我未来的第一声哭叫
进入我即将感知世界的大脑和眼睛……
黄河呵，哺育了我们的河呵
我想，我的血管
不过是你一脉小小的支流
那里，日夜回响着你的叮嘱
你的河面上缓缓飘散的晨雾
曾从我的嘴巴轻轻地吐出
傍晚，滑进你河心的落日
便是沉浸在我的心头
一捧泥土，一捧泥土
你铺就一片平原，又一片平原
也铺就我胸脯强健的肌肉……
我曾长时间生活在黄河之滨
用那泥黄的河水洗涤灵魂
洗涤动乱在我心头留下的创伤
洗涤粗糙的锄柄在我掌心磨下的血泡
洗涤被汗碱模糊了的眼睛
洗涤被扁担磨破了的衣衫……
我引来你混浊的水
一次一次浇灌我撒下的种子
一次一次浇灌我插下的绿秧
浇灌我不甘心荒芜的青春
浇灌我永不抛弃的信念
浇灌我固执的期待
以及我关于生活的幼稚而朴素的预言……
那时，左边是蜿蜒曲折的长城
像瘦削的脊骨
横在荒凉与繁荣的边缘
右边，便是你，黄河
日夜汩汩流淌着的血管
白浪滔天的洪水季节
船只胆怯地躲上了岸
我的羊皮筏子却像奔马
跳跃在你的浪尖
头戴白帽的回族船夫
唱着古老的号子
古老的号子送我到达彼岸
在那浪峰上
跳荡着我年轻的心
跳荡着我毕生难以忘怀的惊险
黄河呵，我是你永远的孩子
你用颠簸的摇篮
教给我生活，教给我勇敢
教给我在动荡中寻找平衡
教给我在迷茫中寻找罗盘……
我的黄河呵，躺在你身边
五月，塞外迟到的春天
我躺在柔软的草地上
续写父辈艰辛的诗篇
眼前，是一朵一朵金黄的小花
是唱不厌的爱情之歌
头顶，是空阔高远的蓝天
是思不尽的哲学书卷
仰望云朵悠悠地流逝
我像看见一条黄色的巨龙
在云团中盘桓

时间凝固了
一百年,又一百年
像蜻蜓默默地栖落在草尖
都市的层楼里
再没有了黄河
没有了那荒草杂树
没有了那深夜里不息的呐喊
四月的风携带着细沙
突然把我的门窗摇撼
我才想起黄河
想起那卷着泥沙的河水拍打堤岸
当绿树像火把
突然在路边点燃
当红润的苹果、金黄的梨子
在街头突然出现
我才想起黄河
想起那血和汗的浇灌……
黄河呵,我的黄河
在都市的繁华和喧腾中
我挤出一片宁静
悄悄把你思念
我突然感到
感到一种只有游子才有的
甩不掉的疚愧和眷恋
难道能忘记黄河吗?
我想,纵然我会走遍整个地球
我的脚印会踏上每一块大陆
我会看见红色的海、绿色的河
或者,使我兴奋的陌生的山
但是,只要一低头
我就断不了对黄河的思念
阳光般温柔
黄金般闪亮
泥士般和谐
秋天般饱满……
我的肤色
是黄河的颜色
黄河——
父母之河啊!
黄河……

训练提示:这首诗赞美了黄河无私的奉献和无私的爱,抒发了诗人深深的故乡情。全诗基调大气磅礴、情真意切。诗人怀有悲悯情怀与坚定理想。朗诵时,注意排比句感情层层递进,语气沉缓激昂。

稿件三十六

为祖国而歌

陈　辉

我,
埋怨,
我不是一个琴师。
祖国呵,
因为我是属于你的,
一个大手大脚的
劳动人民的儿子。
我深深地

深深地
爱你！
我呵，
却不能，
像高唱马赛曲的歌手一样，
在火热的阳光下，
在那巴黎公社战斗的街垒旁，
拨动六弦琴丝，
让它吐出
震动世界的，
人类的第一首
最美的歌曲，
作为我
对你的祝词。
我也不会
骑在牛背上，
弄着短笛。
也不会呵，
在八月的禾场上，
把竹箫举起，
轻轻地
轻轻地吹；
让箫声
飘过泥墙，
落在河边的柳荫里。
然而，当我抬起头来，
瞧见了你，
我的祖国的
那高蓝的天空，
那辽阔的原野，
那天边的白云
悠悠地飘过，
或是
那红色的小花，
笑眯眯地
从石缝里站起。
我的心啊，
多么兴奋，
有如我的家乡，
那苗族的女郎，
在明朗的八月之夜，
疯狂地跳在一个节拍上，
……
我的祖国呵，
我是属于你的，
一个紫黑色的
年轻的战士。
当我背起我的
那支陈旧的“老毛瑟”，
从平原走过，
望见了
敌人的黑色的炮楼，
和那炮楼上
飘扬的血腥的红膏药旗，
我的血呵，
它激荡，
有如关外
那积雪深深的草原里，
大风暴似的，
急驰而来的，
祖国的健儿们的铁骑……

祖国呵，
你以爱情的乳浆，

养育了我；
而我，
也将以我的血肉，
守卫你啊！
也许明天，
我会倒下；
也许
在砍杀之际，
敌人的枪尖，
戳穿了我的肚皮；
也许吧，
我将无言地死在绞架上，
或者被敌人
投进狗场。
看啊，
那凶恶的狼狗，
磨着牙尖，
眼里吐出
绿色莹莹的光……
祖国呵，
在敌人的屠刀下，
我不会滴一滴眼泪，
我高笑，
因为呵，
我——
你的大手大脚的儿子，
你的守卫者，
他的生命，
给你留下了一首
崇高的“赞美词”。
我高歌，
祖国呵，
在埋着我的骨骼的黄土堆上，
也将有爱情的花儿生长。

训练提示：这首诗表达了诗人对祖国和人民最深挚的爱，愿意为了国家牺牲自己的一切。诗的形式自由，语言活泼，感情质朴。朗诵时，注意声音的控制和气息的把握。

稿件三十七

山雀子噪醒的江南

饶庆年

山雀子噪醒的江南，一抹雨烟
到处是布谷的清亮，黄鹂的婉转，竹鸡的缠绵
看夜的猎手回了，柳笛儿在晨风中轻颤
孩子踏着睡意出牧，露珠绊响了水牛的铃铛
扛犁的老哥子们，粗声地吆喝着问候
担水的村姑，小曲儿洒一路淡淡的喜欢

山雀子噪醒的江南，一抹雨烟
我的心宁静地依恋，依恋着烟雨的江南
故乡从梦中醒来，竹叶抖动着晨风的新鲜
走尽古老的石阶，已不见破败的童话
石砌的院落，新房正翘起昂起的飞檐
孩子们已无从知道当年蕨根的苦涩
也不再弯腰拾起落地的榆钱
乡亲们泡一杯新摘的山茶待我
我的心浸渍着爱的香甜

山雀子噪醒的江南，一抹雨烟
我爱崖头山脚野蔷薇初吐的芳蕊
这一簇簇野性的艳丽，惹动我一瓣甜蜜，半朵心酸
望着牛背上打滚儿如同草地上打滚的侄儿们
江南烟雨迷蒙了我凝思的双眼
这些懂事的孩子过早地担起了父辈的艰辛
稚气的眸子，闪射着求知的欲念
可是，草坡上他们却在比赛着骂人的粗野
油灯下，只剩“抓子儿”的消遣

山雀子噪醒的江南，一抹雨烟
那溪水半掩的青石，沉默着我的初恋
鸭舌草多情的记忆里，悄悄开着羞涩的水仙
赤脚，我在溪流中浣洗着叹息
浣洗着童年的亲昵，今日的无言
小路幽深，兰草花默默地飘散着三月
小路又热烈，野石榴点燃了如火的夏天
小路驮着我长大，林荫覆盖我的几多朦胧

山雀子噪醒的江南，一抹雨烟
山雀子噪醒的江南，一抹雨烟
烟雨拂撩着我如画的江南

桂花酒新酿着一个现实的神话
荞花蜜将我久藏的童心点染
我的心交给了崖头的山雀
衔一片喜悦装点我迟到的春天
山雀子衔来的江南，一抹雨烟

训练提示：这是一首叙事抒情诗。通过描写家乡的人物和景象，表达了诗人对故乡、家园深深的爱恋。这首诗是一曲美丽的田园牧歌，给人宁静的力量。朗诵时，声音清新舒展，感情细腻充沛、意味深长。

稿件三十八

预言

何其芳

这一个心跳的日子终于来临！
你夜的叹息似的渐近的足音，
我听得清不是林叶和夜风的私语，
麋鹿驰过苔径的细碎的蹄声！
告诉我，用你银铃的歌声告诉我，
你是不是预言中的年轻的神？
你一定来自那温郁的南方，
告诉我那儿的月色、那儿的日光，
告诉我春风是怎样吹开百花，
燕子是怎样痴恋着绿杨。
我将合眼睡在你如梦的歌声里，
那温暖我似乎记得，又似乎遗忘。
请停下，停下你长途的奔波，
进来，这儿有虎皮的褥你坐！
让我烧起每一个秋天拾来的落叶，
听我低低地唱起我自己的歌。
那歌声像火光一样沉郁又高扬，
火光一样将我的一生诉说。
不要前行！前面是无边的森林：

古老的树现着野兽身上的斑纹，
半生半死的藤蟒一样交缠着，
密叶里漏不下一颗星星。
你将怯怯地不敢放下第二步，
当你听见了第一步空寥的回声。
一定要走吗？请等我和你同行！
我的脚知道每一条平安的路径，
我可以不停地唱着忘倦的歌，
再给你，再给你手的温存！
当夜的浓黑遮断了我们，
你可以不转眼地望着我的眼睛。
我激动的歌声你竟不听，
你的脚竟不为我的颤抖暂停！
像静穆的微风飘过这黄昏里，
消失了，消失了你骄傲的足音！
啊，你终于如预言中所说的无语而来，
无语而去了吗，年轻的神？

训练提示：《预言》是一首爱情诗，抒写了诗人一段珍贵感情经历。这首诗将现实和梦境混合在一起，营造了一种幽远、神秘的氛围。整体语言富有音乐性，节奏与诗的情绪相协调，产生了拨动心弦的音乐效果。朗诵时，注意情景再现与内在语的把握。

稿件三十九

生活是多么广阔

何其芳

生活是多么广阔。
生活是海洋。
凡是有生活的地方就有快乐和宝藏。
去参加歌咏队，去演戏，
去建设铁路，去做飞行师，
去坐在实验室里，去写诗，
去高山上滑雪，

去驾一只船颠簸在波涛上，
去北极探险，去热带搜集植物，
去带一个帐篷在星光下露宿。
去过极寻常的日子，
去在平凡的事物中睁大你的眼睛，
去以自己的火点燃旁人的火，
去以心发现心。
生活是多么广阔。
生活又是多么芬芳。
凡是有生活的地方就有快乐和宝藏。

训练提示：这是诗人在延安时期的诗作。解放区崭新的生活为年轻一代开拓了通往壮丽未来的宽广道路，诗人感到生活就像海洋一样广阔，到处都有“快乐和宝藏”。他凭借想象的翅膀，翱翔于广阔的生活之中，启发年轻人去挖掘人生的宝藏，并勉励他们将寻常的生活与伟大的目标结合起来，以辛勤的劳动迎接美好的未来。朗诵时，语气富有朝气，声音明朗开阔。

稿件四十

苹果树下

闻　捷

苹果树下那个小伙子，
你不要、不要再唱歌；
姑娘沿着水渠走来了，
年轻的心在胸中跳着。
她的心为什么跳啊？
为什么跳得失去节拍？
春天，姑娘在果园劳作，
歌声轻轻从她耳边飘过，
枝头的花苞还没有开放，
小伙子就盼望它早结果。
奇怪的念头姑娘不懂得，
她说：别用歌声打扰我。

小伙子夏天在果园度过，
一边劳动一边把姑娘盯着，
果子才结得葡萄那么大，
小伙子就唱着赶快去采摘。
满腔的心思姑娘猜不着。
她说：别像影子一样缠着我。

淡红的果子压弯绿枝，
秋天是一个成熟季节，
姑娘整夜整夜地睡不着，
是不是挂念那树好苹果？
这些事小伙子应该明白，

她说：有句话你怎么不说？
……苹果树下那个小伙子，
你不要、不要再唱歌；
姑娘踏着草坪过来了，
她的笑容里藏着什么？
说出那句真心的话吧！
种下的爱情已该收获。

训练提示：诗人巧妙地将苹果的成熟过程和爱情的孕育、发展、成熟相映衬，应用借景抒情、以物寓情的艺术手法，使景物与人物的心灵相交融，细致地刻画了青年男女在热恋中的心理状态，生动地反映了新时代中男女青年幸福生活的一个侧面。朗诵时，基调柔和清新，情感细腻丰富。

稿件四十一

西去列车的窗口

贺敬之

在九曲黄河的上游，
在西去列车的窗口……
是大西北一个平静的夏夜，
是高原上月在中天的时候。
一站站灯火扑来，像流萤飞走，
一重重山岭闪过，似浪涛奔流……
此刻，满车歌声已经停歇，
婴儿在母亲怀中已经睡熟。
呵，在这样的路上，这样的时候，
在这一节车厢，这一个窗口——
你可曾看见：那些年轻人闪亮的眼睛
在遥望六盘山高耸的峰头？
你可曾想见：那些年轻人火热的胸口
在渴念人生路上第一个战斗？
你可曾听到呵，在车厢里：
仿佛响起井冈山拂晓攻击的怒吼？
你可曾望到呵，灯光下：
好像举起南泥湾披荆斩棘的镢头？

呵,大西北这个平静的夏夜,
呵,西去列车这不平静的窗口!
一群青年人的肩紧靠着一个壮年人的肩,
看多少双手久久地拉着这双手……
他们呵,打从哪里来?又往哪里走?
他们属于哪个家庭?是什么样的亲友?
他呵,塔里木垦区派出的带队人——
三五九旅的老战士、南泥湾的突击手。
他们,上海青年参加边疆建设的大队——
军垦农场即将报到的新战友。
几天前,第一次相见——
是在霓虹灯下,那红旗飘扬的街头。
几天后,并肩拉手——
在西去列车上,这不平静的窗口。
从第一天,老战士看到你们呵——
那些激动的面孔、那些高举的拳头……
从第一天,年轻人看到你呵——
旧军帽下根根白发、臂膀上道道伤口……
呵,大渡河的流水呵,流进了扬子江口,
沸腾的热血呵,汇流在几代人心头!
你讲的第一个故事:"当我参加红军那天";
你们的第一张决心书:"当祖国需要的时候……"
呵,指导员牺牲前告诉我:
想到呵——十年后……百年后……
呵,我们对母亲说:
我们——永远、永远跟党走!
第一声汽笛响了,告别欢送的人流。
收回挥动的手臂呵,紧攀住老战士肩头。
第一个旅途之夜,你把铺位安排就。
悄悄打开针线包呵,给"新兵们"缝缀衣扣……
呵!是这样的家庭呵,这样的骨肉!
是这样的老战士呵,这样的新战友!

呵,祖国的万里江山!……
呵,革命的滚滚洪流!……
一路上,扬旗起落——
苏州……郑州……兰州……
一路上,倾心交谈——
人生……革命……战斗……
而现在,是出发的第几个夜晚了呢?
今晚的谈话又是这样久、这样久……
看飞奔的列车,已驶过古长城的垛口,
窗外明月,照耀着积雪的祁连山头……
但是,"接着讲吧,接着讲吧!
那杆血染的红旗以后怎么样呵,以后?……"
"说下去吧,说下去吧!
那把汗浸的镢头开呵、开到什么时候?……"
"以后,以后……那红旗呵——
红旗插上了天安门的城楼……"
"以后,以后……那南泥湾的镢头呵——
开出今天沙漠上第一块绿洲……"
呵,祖国的万里江山!……
呵,革命的滚滚洪流!……
现在,红旗和镢头,已传到你们的手。
现在,荒原上的新战役,正把你们等候!
看,老战士从座位上站起——
月光和灯光,照亮他展开的眉头……
看,青年们一起拥向窗前——
头一阵大漠的风尘,翻卷起他们新装的衣袖!
……但是现在,已经到必须休息的时候,
老战士命令:"各小队保证,一定睡够!"
立即,车厢里平静下来……
窗帘拉紧,灯光减弱,人声顿收……
但是,年轻人的心呵,怎么能够平静?
——在这样的路上,在这样的时候!

是的，怎么能够平静呵，在老战士的心头？
——是这样的列车，是这样的窗口！
看那是谁？猛然翻身把日记本打开
在暗中，大字默写："开始了——战斗！"
那又是谁呵？刚一入梦就连声高呼：
"我来了！我来了！——决不退后！……"
呵，老战士轻轻地走过每个铺位，
到头又回转身来，静静地站立在门后。
面对着眼前的这一切情景，
他，看了很久，听了很久，想了很久……
呵，胸中的江涛海浪！……
呵，满天的云月星斗！……
——该怎样做这次行军的总结呢？
怎样向党委汇报这一切感受？
该怎样估量这支年轻的梯队呵？
怎样预计这开始了的又一次伟大战斗？
……戈壁荒原上，你漫天的走石飞沙呵，
……革命道路上，你阵阵的雷鸣风吼！
乌云，在我们眼前……
阴风，在我们背后……
江山呵，在我们的肩！
红旗呵，在我们的手！
呵，眼前的这一切一切呵，
让我们说：胜利呵——我们能够！
……
……
呵！我亲爱的老同志！
我亲爱的新战友！
现在，允许我走上前来吧，
再一次、再一次拉紧你们的手！
西去列车这几个不能成眠的夜晚呵，
我已经听了很久，看了很久，想了很久……

我不能、不能抑制我眼中的热泪呵，
我怎能、怎能平息我激跳的心头?!
我们有这样的老战士呵，
是的，我们——能够！
我们有这样的新战友呵，
是的，我们——能够！
呵，祖国的万里江山、万里江山呵！……
呵，革命的滚滚洪流、滚滚洪流！……
现在，让我们把窗帘打开吧，
看车窗外，已是朝霞满天的时候！
来，让我们高声歌唱呵——
"鲜红的太阳照遍全球！……"

训练提示：《西去列车的窗口》热情地反映了上海知识青年响应国家号召，自愿去边疆参加建设的重大事件，写得很有艺术感染力，是一首成功的政治抒情诗。整首诗激情澎湃、昂扬向上、令人振奋，适合多人朗诵。朗诵时，注意情景再现以及多人合作的整体美、音律美。

稿件四十二

那时你老了

郁 葱

我想在一个瞬间，翻过许多页码，
那时的你，如我们见到的许多疲惫的影子，
那时你老了。
那时你老了，
总在不经意中回忆着，
许多覆盖在生命短草上的时日，
一些语言、一个场景、一首诗，
一个你一直忘记，却又突然回忆起来的瞬间。
阳光不同了，绿不同了，夜晚不同了，
而经历依旧，你熟悉的旋律依旧。
步履蹒跚时，你看到那么多曾属于自己的鞋子，

照片上的容颜，
如同背景中熟透的苹果一样不可采摘。
那时你老了，
再没有了难以消解的夜。
那时没有了充盈，没有了叫喊，
没有了充满热望的火焰，
没有了湿润的唇，
没有了淹没血液的激动和盼望。
那时你老了，
平静的声音传到你细微的脉搏。
远去的是谁？走来的是谁？
那时你总在想：
身边，是谁的呼吸？
那时你老了，
那曾经年轻的都在变老。
你会说：那时的痛、缺憾，甚至背弃，
都多么地好，
那时灼热的手是张开的，
曾经随意丢掉的那些夜晚，
如玑珠一般从指缝间轻而易举地滑落。
那时你老了，
而一个人和另一些人，
也同样老了。

训练提示：郁葱说："一个写作者，一定要为自己写下一些文字——而且要写下最有意义的文字，这样，你就会充盈，你就会幸福。"《那时你老了》就是有意义的文字，郁葱把它献给了世上的老人，也留给了自己。朗诵时，注意感情到位，气息灵活自如。

稿件四十三

给母亲

阿　紫

那一年
我离开了家
母亲就在那个春天
种下一棵小小的紫色花

母亲说
这花如女儿
不管走多远
只要想她
就看看这朵紫色花

又个春天
母亲将花植在屋檐下
她说
这花是女儿
知道我等她
就会早点回家

如今啊
一簇簇的紫色花
年年依旧
开在母亲的屋檐下

只是
只是
母亲在海角
我还在天涯

训练提示：诗人阿紫的创作风格既有女人的温柔婉约，也有男人的激情澎湃。她擅长创作以讴歌生命、吟咏抒情和励志感恩为主要题材的诗歌，以写诗的方式传播真善美。《给母亲》是她的代表作，情感真挚、感人至深。朗诵时，要把这种母女之间细腻的情感表现出来。

稿件四十四

春天，遂想起

余光中

春天，遂想起江南，
唐诗里的江南，九岁时
采桑叶于其中，捉蜻蜓于其中
（可以从基隆港回去的）
江南
小杜的江南
苏小小的江南
春天，遂想起江南，

遂想起多莲的湖,多菱的湖
多螃蟹的湖,多湖的江南
吴王和越王的小战场
(那场战争是够美的)
逃了西施
失踪了范蠡
失踪在酒旗招展的
(从松山飞三个小时就到的)
乾隆皇帝的江南
春天,遂想起遍地垂柳的江南,
想起太湖滨一渔港,想起
那么多的表妹,走在柳堤
(我只能娶其中的一朵!)
走过柳堤,那许多的表妹
就那么任伊老了
任伊老了,在江南
(喷射云三小时的江南)
即使见面,她们也不会陪我
陪我去采莲,陪我去采菱
即使见面,见面在江南
在杏花春雨的江南
在江南的杏花村
(借问酒家何处)
何处有我的母亲
复活节,不复活的是我的母亲
一个江南小女孩变成的母亲
清明节,母亲在喊我,在圆通寺喊我,
在海峡这边喊我,
在海峡那边,
喊,
在江南,在江南,
多寺的江南,多亭的江南,
多风筝的江南啊,
钟声里的江南
(站在基隆港,想——想回也回不去的)
多燕子的江南

训练提示:21 岁时,诗人离开大陆移居台湾。由于种种原因,他始终不能重归故里。对故乡的思念日积月累,最终凝聚成字字含情的诗句迸发出来。故乡情结、爱国情怀是《春天,遂想起》的灵魂。朗诵时,对“母亲在喊我,在圆通寺喊我,在海峡这边喊我,在海峡那边,喊”应多加揣摩。

稿件四十五

大堰河——我的保姆

艾　青

大堰河,是我的保姆。
她的名字就是生她的村庄的名字,
她是童养媳,
大堰河,是我的保姆。
我是地主的儿子;

也是吃了大堰河的奶而长大了的
大堰河的儿子。
大堰河以养育我而养育她的家,
而我,是吃了你的奶而被养育了的,
大堰河啊,我的保姆。
大堰河,今天我看到雪使我想起了你:
你的被雪压着的草盖的坟墓,
你的关闭了的故居檐头的枯死的瓦菲,
你的被典押了的一丈平方的园地,
你的门前的长了青苔的石椅,
大堰河,今天我看到雪使我想起了你。
你用你厚大的手掌把我抱在怀里,抚摸我;
在你搭好了灶火之后,
在你拍去了围裙上的炭灰之后,
在你尝到饭已煮熟了之后,
在你把乌黑的酱碗放到乌黑的桌子上之后,
在你补好了儿子们的为山腰的荆棘扯破的衣服后,
在你把小儿被柴刀砍伤了的手包好之后,
在你把夫儿们的衬衣上的虱子一颗颗地掐死之后,
在你拿起了今天的第一颗鸡蛋之后,
你用你厚大的手掌把我抱在怀里,抚摸我。
我是地主的儿子,
在我吃光了你大堰河的奶之后,
我被生我的父母领回到自己的家里。
啊,大堰河,你为什么要哭?
我做了生我的父母家里的新客了!
我摸着红漆雕花的家具,
我摸着父母的睡床上金色的花纹,
我呆呆地看着檐头的我不认得的“天伦叙乐”的匾,
我摸着新换上的衣服的丝的和贝壳的纽扣,
我看着母亲怀里的不熟识的妹妹,
我坐着油漆过的安了火钵的炕凳,

我吃着碾了三番的白米的饭，
但，我是这般忸怩不安！因为我
我做了生我的父母家里的新客了。
大堰河，为了生活，
在她流尽了她的乳汁之后，
她就开始用抱过我的两臂劳动了；
她含着笑，洗着我们的衣服，
她含着笑，提着菜篮到村边的结冰的池塘去，
她含着笑，切着冰屑悉索的萝卜，
她含着笑，用手掏着猪吃的麦糟，
她含着笑，扇着炖肉的炉子的火，
她含着笑，背了团箕到广场上去，
晒好那些大豆和小麦，
大堰河，为了生活，
在她流尽了她的乳液之后，
她就用抱过我的两臂，劳动了。
大堰河，深爱着她的乳儿；
在年节里，为了他，忙着切那冬米的糖，
为了他，常悄悄地走到村边的她的家里去，
为了他，走到她的身边叫一声“妈”，
大堰河，把他画的大红大绿的关云长
贴在灶边的墙上，
大堰河，会对她的邻居夸口赞美她的乳儿；
大堰河曾做了一个不能对人说的梦：
在梦里，她吃着她的乳儿的婚酒，
坐在辉煌的结彩的堂上，
而她的娇美的媳妇亲切地叫她“婆婆”
……
大堰河，深爱着她的乳儿！
大堰河，在她的梦没有做醒的时候已死了。
她死时，乳儿不在她的旁侧，
她死时，平时打骂她的丈夫也为她流泪，

五个儿子,个个哭得很悲,
她死时,轻轻地呼着她的乳儿的名字,
大堰河,已死了,
她死时,乳儿不在她的旁侧。
大堰河,含泪地去了!
同着四十几年的人世生活的凌侮,
同着数不尽的奴隶的凄苦,
同着四块钱的棺材和几束稻草,
同着几尺长方的埋棺材的土地,
同着一手把的纸钱的灰,
大堰河,她含泪地去了。
这是大堰河所不知道的:
她的醉酒的丈夫已死去,
大儿做了土匪,
第二个死在炮火的烟里,
第三、第四、第五
在师傅和地主的叱骂声里过着日子。
而我,我是在写着给予这不公道的世界的咒语。
当我经了长长的漂泊回到故土时,
在山腰里、田野上,
兄弟们碰见时,是比六七年前更要亲密!
这,这是为你,静静地睡着的大堰河
所不知道的啊!
大堰河,今天,你的乳儿是在狱里,
写着一首呈给你的赞美诗,
呈给你黄土下紫色的灵魂,
呈给你拥抱过我的直伸着的手,
呈给你吻过我的唇,
呈给你泥黑的温柔的脸颜,
呈给你养育了我的乳房,
呈给你的儿子们,我的兄弟们,
呈给大地上一切的,

我的大堰河般的保姆和她们的儿子，
呈给爱我如爱她自己的儿子般的大堰河。
大堰河，
我是吃了你的奶而长大了的
你的儿子，
我敬你
爱你！

训练提示：作者通过对自己的乳母的回忆与追思，抒发了对贫苦农妇大堰河的怀念之情、感激之情和赞美之情，从而激发人们对旧中国广大劳动妇女悲惨命运的同情。全诗韵味十足，朗朗上口。另外，诗中使用大量的排比句，使情绪、力量逐渐蓄积。朗诵时，不仅要情绪饱满、感情细腻，还要注意通过节奏的变化使我们的表达样式和情感都更加丰富。

稿件四十六

就是那一只蟋蟀

流沙河

台湾诗人Y先生说："在海外，夜间听到蟋蟀叫，就会以为那是在四川乡下听到的那一只。"

就是那一只蟋蟀
钢翅响拍着金风
一跳跳过了海峡
从台北上空悄悄降落
落在你的院子里
夜夜唱歌
就是那一只蟋蟀
在《豳风·七月》里唱过
在《唐风·蟋蟀》里唱过
在《古诗十九首》里唱过
在花木兰的织机旁唱过
在姜夔的词里唱过
劳人听过
思妇听过
就是那一只蟋蟀
在深山的驿道边唱过
在长城的烽台上唱过
在旅馆的天井中唱过
在战场的野草间唱过
孤客听过
伤兵听过
就是那一只蟋蟀
在你的记忆里唱歌
在我的记忆里唱歌
唱童年的惊喜
唱中年的寂寞

想起雕竹做笼
想起呼灯篱落
想起月饼
想起桂花
想起满腹珍珠的石榴果
想起故园飞黄叶
想起野塘剩残荷
想起雁南飞
想起田间一堆堆的草垛
想起妈妈唤我们回去加衣裳
想起岁月偷偷流去许多许多
就是那一只蟋蟀
在海峡这边唱歌
在海峡那边唱歌
在台北的一条巷子里唱歌
在四川的一个乡村里唱歌
在每个中国人脚迹所到之处
处处唱歌
比最单调的乐曲更单调
比最谐和的音响更谐和
凝成水
是露珠
燃成光
是萤火
变成鸟
是鹧鸪
啼叫在乡愁者的心窝
就是那一只蟋蟀
在你的窗外唱歌
在我的窗外唱歌
你在倾听
你在想念
我在倾听
我在吟哦
你该猜到我在吟些什么
我会猜到你在想些什么
中国人有中国人的心态
中国人有中国人的耳朵

训练提示：这首诗意象数量众多、内蕴深刻、组合巧妙。朗诵时，节奏相对舒缓。特别需要注意的是，在不同的部分，诗人的所思所想是不同的，是在发展的。朗诵者在创作时，内心的思考、情感的变化都应随着文本的递进、诗人情绪的变化而不断深化。诗中大量的排比句对仗工整，富有音律美，朗诵者可以以节奏的变化作为主要的外在手段去诠释全诗。

稿件四十七

南方的夜

冯　至

我们静静地坐在湖滨，
听燕子给我们讲南方的静夜。
南方的静夜已经被它们带来，

夜的芦苇发着浓郁的情热——
我已经感到了，南方的夜间的陶醉，
请你也嗅一嗅吧，这芦苇中的浓味。

你说，大熊星总像是寒带的白熊，
望去，使你的全身都感到凄冷。
这时的燕子轻轻地掠过水面，
零乱了满湖的星影——
请你看一看吧，这湖中的星象，
南方的星夜便是这样的景象。

你说，你疑心那边的白果松，
总仿佛树上的积雪还没有消融。
这时，燕子飞上了一棵棕榈，
唱出来一种热烈的歌声——
请你听一听吧，燕子的歌唱，
南方的林中，便是这样的景象。

总觉得我们不像是热带的人，
我们的胸中总是秋冬般的平寂。
燕子说，南方有一种珍奇的花朵，
经过二十年的寂寞才开一次——
这时我胸中觉得有一朵花儿隐藏，
它要在这静夜里，火一样地开放！

训练提示：冯至的这首诗充满了美，不仅有外在的视觉美，同时兼具内在的音节美。整首诗感情真挚，表达委婉细腻，语言风格自然，旋律舒缓柔和。朗诵时，脑海中要有情景再现，使自己，更重要的是使受众看到、听到、感受到这种美景。诗中有多处“请你——”，朗诵时应恰切地运用好对象感，拉近与受众的距离。

稿件四十八

难民

臧克家

日头坠到鸟巢里，
黄昏还没溶尽归鸦的翅膀，
陌生的道路无归宿的薄暮，
把这群人度到这座古镇上。
沉重的影子，扎根在大街两旁，
一簇一簇，像秋郊的禾堆一样，
静静的，孤寂的，支撑着一个大的凄凉。
满染征尘的古怪的服装，
告诉了他们的来历，
一张一张兜着阴影的脸皮，
说尽了他们的情况。
螺丝的炊烟牵动着一串亲热的眼光，
在这群人心上抽出了一个不忍的想象：
“这时，黄昏正徘徊在古树梢头，
从无烟火的屋顶慢慢地涨大到无边，
接着，阴森的凄凉吞了可怜的故乡。”
铁力的疲倦，连人和想象一齐推入了朦胧，
但是，更猛烈的饥饿立刻又把他们牵回了异乡。
像一个天神从梦里落到这群人身旁，
一只灰色的影子，手里亮着一支长枪。
一个小声，在他们耳中开出天大的响：
“年头不对，不敢留生人在镇上。”
“唉！人到哪里，灾荒到哪里！”
一阵叹息，黄昏更加了苍茫。
一步一步，这群人走下了大街，
走开了这异乡，
小孩子的哭声乱了大人的心肠，
铁门的响声截断了最后一人的脚步，

这时，黑夜爬过了古镇的围墙。

训练提示：这是一首叙事抒情诗，在诗中，我们看到了难民悲惨的命运、严重的生存困境。他们既无法被异乡容纳，也无法再回到故乡，只能不停地流浪。整首诗没有一句话是直接抒情的，但朴素的语言却载着诗人沉甸甸的同情和悲伤。朗诵时，基调是质朴、凝重的，一种愁苦的情绪凝聚在心中。

稿件四十九

小草在歌唱

雷抒雁

一

风说：忘记她吧！
我已用尘土，
把罪恶埋葬！
雨说：忘记她吧！
我已用泪水，
把耻辱洗光！
是的，多少年了，
谁还记得，
这里曾是刑场？
行人的脚步，来来往往，
谁还想起，
他们的脚踩在
一个女儿、
一个母亲、
一个为光明献身的战士的心上？
只有小草不会忘记。
因为那殷红的血，
已经渗进土壤；
因为那殷红的血，
已经在花朵里放出清香！
只有小草在歌唱。
在没有星光的夜里，
唱得那样凄凉；
在烈日暴晒的正午，
唱得那样悲壮！
像要砸碎焦石的潮水，
像要冲决堤岸的大江……

二

正是需要光明的暗夜，
阴风却吹灭了星光；
正是需要呐喊的荒野，
真理的嘴却被封上！
黎明。一声枪响，
在祖国遥远的东方，
溅起一片血红的霞光！
呵，年老的妈妈，
四十多年的心血，
就这样被残暴地泼在地上；
呵，幼小的孩子，
这样小小年纪，
心灵上就刻下了
终生难以愈合的创伤！

我恨我自己，
竟睡得那样死，
像喝过魔鬼的迷魂汤，
让辚辚囚车，
碾过我僵死的心脏！
我是军人，
却不能挺身而出，
像黄继光，
用胸脯筑起一道铜墙！
而让这颗罪恶的子弹，
射穿祖国的希望，
打进人民的胸膛！
我惭愧我自己，
我是共产党员，
却不如小草，
让她的血流进脉管，
日里夜里，不停歌唱……

三

虽然不是
面对勾子军的大胡子连长，
她却像刘胡兰一样坚强；
虽然不是
在渣滓洞的魔窟，
她却像江竹筠一样悲壮！
这是二十世纪，七十年代，
社会主义中国特殊的土壤里，
成长起的英雄
——丹娘！
她是夜明珠，
暗夜里，
放射出灿烂的光芒；
死，消灭不了她，
她是太阳，
离开了地平线，
却闪耀在天上！
我们有八亿人民，
我们有三千万党员，
七尺汉子，
伟岸得像松林一样，
可是，当风暴袭来的时候，
却是她，冲在前边，
挺起柔嫩的肩膀，
肩起民族大厦的栋梁！
我曾满足于——
月初，把党费准时交到小组长的手上；
我曾满足于——
党日，在小组会上滔滔不绝地汇报
思想！
我曾苦恼，
我曾惆怅，
专制下，吓破过胆子，
风暴里，迷失过方向！
如丝如缕的小草哟，
你在骄傲地歌唱，
感谢你用鞭子
抽在我的心上，
让我清醒，
让我清醒，
昏睡的生活，
比死更可悲，
愚昧的日子，
比猪更肮脏！

四

就这样——

黎明。一声枪响,

她倒下去了,

倒在生她养她的祖国大地上。

她的琴呢?

那把她奏出过欢乐,

奏出过爱情的琴呢?

莫非就此成了绝响?

她的笔呢?

那支写过檄文,

写过诗歌的笔呢?

战士,不能没有刀枪!

我敢说:她不想死!

她有母亲:风烛残年,

受不了这多悲伤!

她有孩子:花蕾刚绽,

怎能落上寒霜!

她是战士,

敌人如此猖狂,

怎能把眼合上!

我敢说:她没有想到会死。

不是有宪法么?

民主,有明文规定的保障;

不是有党章么,

共产党员应多想一想。

就像小溪流出山涧,

就像种子钻出地面,

发现真理,坚持真理,

本来就该这样!

可是,她却被枪杀了,

倒在生她养她的母亲身旁……

法律呵,

怎么变得这样苍白,

苍白得像废纸一方;

正义呵,

怎么变得这样软弱,

软弱得无处伸张!

只有小草变得坚强,

托着她的身躯,

托着她的枪伤,

把白的、红的花朵,

插在她的胸前,

日里夜里,风中雨中,

为她歌唱……

五

这些人面豺狼,

愚蠢而又疯狂!

他们以为镇压,

就会使宝座稳当;

他们以为屠杀,

就能扑灭反抗!

岂不知烈士的血是火种,

插出去,

能够燃起四野火光!

我敢说:

如果正义得不到伸张,

红日,

就不会再升起在东方!

我敢说,

如果罪行得不到清算,

地球,

也会失去分量!

残暴，注定了灭亡，
注定了“四人帮”的下场！
你看，从草地上走过来的是谁？
油黑的短发，
披着霞光；
大大的眼睛，
像星星一样明亮；
甜甜的笑，
谁看见都会永生印在心上！
母亲呵，你的女儿回来了，
她是水，钢刀砍不伤；
孩子呵，你的妈妈回来了，
她是光，黑暗难遮挡！
死亡，不属于她，
千秋万代，
人们都会把她当作榜样！
去拥抱她吧，
她是大地女儿，
太阳，
给了她光芒；
山岗，
给了她紧强；
花草，
给了她芳香！
跟她在一起，
就会看到希望和力量……

六月七日夜不成寐
六月八日急就于曙光中

训练提示：这首长诗是诗人雷抒雁为悼念烈士张志新而作的。这是一首气势昂扬、充满力量而又情感细腻、饱含痛苦的抒情诗，诗中有怨、有怒、有恨（自责）、有感动、有感慨。朗诵时，不要走向高声喊叫、语势单一的歧路，应当注意诗中微妙的情感变化以及由此引发的内心思考。可以适当借助情景再现的手段来触发情感，用节奏的控纵变化深化情感的表达。

稿件五十

雪白的墙

梁小斌

妈妈，
我看见了雪白的墙。
早晨，
我上街去买蜡笔，
看见一位工人
费了很大的力气，
在为长长的围墙粉刷。
他回头向我微笑，
他叫我
去告诉所有的小朋友：
以后不要在这墙上乱画。
妈妈，
我看见了雪白的墙。
这上面曾经那么肮脏，

写有很多粗暴的字。
妈妈,你也哭过,
就为那些辱骂的缘故,
爸爸不在了,
永远地不在了。
比我喝的牛奶还要洁白,
还要洁白的墙,
一直闪现在我的梦中,
它还站在地平线上,
在白天里闪烁着迷人的光芒,
我爱洁白的墙。
永远地不会在这墙上乱画,
不会的,
像妈妈一样温和的晴空啊,
你听到了吗?
妈妈,
我看见了雪白的墙。

训练提示:"文革"之后,人们从劫后余生的创痛中逐渐复苏,开始憧憬美好的生活。作者以一个孩子的眼光来看这个世界,他看到一个工人正在粉刷那个曾经"写有很多粗暴的字"的围墙。虽然工作得很吃力,但工人仍面带微笑,因为那些污言秽语不见了,暗示着那个黑白颠倒的年代结束了,这正是人们所希望的。此诗应读出干净、美好、灵动、希望的感觉,节奏轻快,基调相对活泼。

稿件五十一

雪落在中国的土地上

艾　青

雪落在中国的土地上,
寒冷在封锁着中国呀……
风,
像一个太悲哀了的老妇。
紧紧地跟随着,
伸出寒冷的指爪,
拉扯着行人的衣襟。
用着像土地一样古老的话,
一刻也不停地絮聒着……
那从林间出现的,
赶着马车的,
你中国的农夫,
戴着皮帽,
冒着大雪,
你要到哪儿去呢?
告诉你,
我也是农人的后裔——
由于你们的,
刻满了痛苦的皱纹的脸,
我能如此深深地,
知道了,
生活在草原上的人们的,
岁月的艰辛。
而我,
也并不比你们快乐啊,
——躺在时间的河流上,

苦难的浪涛，
曾经几次把我吞没而又卷起——
流浪与监禁，
已失去了我的青春的最可贵的日子，
我的生命，
也像你们的生命，
一样的憔悴呀。

就像异邦人，
不知明天的车轮，
要滚上怎样的路程？
——而且，
中国的路，
是如此的崎岖，
是如此的泥泞呀。

雪落在中国的土地上，
寒冷在封锁着中国呀……
沿着雪夜的河流，
一盏小油灯在徐缓地移行，
那破烂的乌篷船里，
映着灯光，垂着头，
坐着的是谁呀？
——啊，你，
蓬发垢面的少妇，
是不是
你的家，
——那幸福与温暖的巢穴——
已被暴戾的敌人，
烧毁了么？
是不是
也像这样的夜间，
失去了男人的保护，
在死亡的恐怖里，
你已经受尽敌人刺刀的戏弄？
咳，就在如此寒冷的今夜，
无数的，
我们的年老的母亲，
都蜷伏在不是自己的家里，

雪落在中国的土地上，
寒冷在封锁着中国呀……
透过雪夜的草原，
那些被烽火所啮啃着的地域，
无数的，土地的垦植者，
失去了他们所饲养的家畜，
失去了他们肥沃的田地，
拥挤在，
生活的绝望的污巷里；
饥馑的大地，
朝向阴暗的天，
伸出乞援的，
颤抖着的两臂。
中国的苦痛与灾难，
像这雪夜一样广阔而又漫长呀！

雪落在中国的土地上，
寒冷在封锁着中国呀……
中国，
我的在没有灯光的晚上，
所写的无力的诗句，
能给你些许的温暖么？

训练提示：此诗创作于1937年12月，正是“寒冷在封锁着中国”的时候。全诗通过描写众多恶劣环境下的意象，表现了中华民族的苦痛与灾难，表达了诗人深厚的爱国热情、深沉的忧患意识与赤子之心。全诗节奏平缓，基调沉郁大气。朗诵时，要从充满悲愤力量的诗句中，读出浓郁的忧虑情绪以及对祖国人民命运的深切关怀。

稿件五十二

有赠

曾　卓

我是从感情的沙漠上来的旅客，
我饥渴、劳累、困顿。
我远远地就看到你窗前的光亮，
它在招引我——我的生命的灯。
我轻轻地叩门，如同心跳。
你为我开门。
你默默地凝望我，
那闪耀的是泪光么？
你为我引路、掌灯。
我怀不安的心情走进你洁净的小屋，
我赤着脚，走得很慢，很轻，
但每一步还是留下了灰土和血印。
你让我在舒适的靠椅上坐下，
你微现慌张地为我倒茶、送水。
我眯着眼——因为不能习惯光亮，
也不能习惯你母亲般温存的眼睛。
我的行囊很小，
但我背负的东西却很重，很重。
你看我的头发斑白了，我的脊背佝偻了，
虽然我还年轻。
一捧水就可以解救我的口渴，
一口酒就使我醉了，
一点温暖就使我全身灼热，
那么，我能有力量承担你如此的好意和温情么？
我全身战栗，当你的手轻轻地握我的，

我忍不住啜泣，当你的眼泪滴在我的手背。
你愿这样握我的手走向人生的长途么？
你敢这样握我的手穿过蔑视的人群么？
在一瞬间闪过了我的一生，
这神圣的时刻是结束也是开始，
一切过去的已经过去，终于过去了，
你给了我力量、勇气和信心。
你的含泪微笑的眼睛是一座炼狱，
你的晶莹的泪光焚冶我的灵魂，
我将在彩云般的烈焰中飞腾，
口中喷出痛苦而又欢乐的歌声……

训练提示：《有赠》是赠给一位女性的诗。诗歌以饱含激情的语调，借对一位女性的深情倾诉，形象地抒写了对历尽苦难之后的人间温情的真切感受，赞美了给受难者带来巨大精神慰藉和生活勇气的宽容的理解、善良的同情，表达了诗人对陪伴自己经历困难时刻的人的由衷感激和歌颂。《有赠》以第一人称下笔，无形中拉近了与受众之间的距离。全诗情景的推进、情感的变化都十分细腻，受众很容易就能在脑海中联想到某些画面，朗诵创作中应当好好加以利用。全诗节奏平缓，基调由沉郁逐渐过渡到乐观、充满力量。

稿件五十三

你生命告终

〔英〕拜 伦（杨德豫 译）

你生命告终，威名却树立。
你故乡的歌曲谣讴，
记述她英雄儿子的胜利，
记述他刀剑的格斗，
他建立的功勋，他打赢的战役，
他所夺回的自由！
我们已自由，纵然你倒地，
你不会感受到死亡。
你身上流出的高贵血液，
不屑于沉入土壤：
它正周流在我们血脉里，
你活在我们身上！
你的名字是进军的号令，
激励着冲锋的队伍。
合唱的主题——你的牺牲，
从少女歌喉中倾吐：
恸哭有损于你的光荣，
你不是被哀悼的人物！

训练提示：这是一首悼亡诗，但诗人对牺牲的英雄自始至终都在进行热情的歌颂。整首诗基调奔放明朗。朗诵时，声音明朗有力，语势彼此呼应，注意意群表达的完整性。

稿件五十四

假如生活欺骗了你

〔俄〕普希金（查良铮 译）

假如生活欺骗了你，
不要悲伤，不要心急！
忧郁的日子里需要镇静：
相信吧，快乐的日子将会来临！
心儿永远向往着未来；
现在却常是忧郁。
一切都是瞬息，一切都将会过去；
而那过去了的，就会成为亲切的怀恋。

训练提示：这是一首很短的诗，但它既有动之以情的鼓励，又有晓之以理的剖析，谋篇布局完整精当。朗诵时，应乐观热情而又不失轻松畅达。

稿件五十五

致恰达耶夫

〔俄〕普希金（戈宝权 译）

爱情、希望、平静的光荣，
并不能长久地把我们欺诳，
就是青春的欢乐，
也已经像梦、像朝雾一样地消亡；
但我们的内心还燃烧着愿望，
在残酷的政权的重压之下，
我们正怀着焦急的心情，
在倾听祖国的召唤。
我们忍受着期待的折磨，

等候那神圣的自由时光，
正像一个年轻的恋人，
在等待那真诚的约会一样。
现在我们的内心还燃烧着自由之火，
现在我们为了荣誉献身的心还没有死亡，
我的朋友，我们要把我们心灵的，
美好的激情，都献给我们的祖邦！
朋友，相信吧！迷人的幸福的星辰，
就要上升，射出光芒，
俄罗斯要从睡梦中苏醒，
在专制暴政的废墟上，
将会写上我们姓名的字样！

训练提示：朗诵时，开篇不必太着力，语势平稳，有如谈心，后面从“但”开始语言表达的张力加大，情感渐趋澎湃，最后几句语气愈加坚定。

稿件五十六

萤火虫

〔印度〕泰戈尔

小小流萤，
在树林里，
在黑沉沉的暮色里，
你多么快乐地展开你的翅膀！
你在欢乐中倾注了你的心。
你不是太阳，
你不是月亮，
难道你的乐趣就少了几分？
你完成了你的生存，
你点亮了你自己的灯；
你所有的都是你自己的，
你对谁也不负债蒙恩；
你仅仅服从了你内在的力量。

你冲破了黑暗的束缚，
你微小，但你并不渺小，
因为宇宙间一切光芒，
都是你的亲人。

训练提示：这首诗告诉我们，生命的意义不是以外在的大小来衡量的，而在于你是不是珍惜自己，珍惜大自然赋予你的力量，并最大限度地用这力量迸发出光芒。用鼓舞的语气朗诵全诗，注意排比句的层层递进。

稿件五十七

人生礼赞

〔美〕朗费罗

不要在哀伤的诗句里对我说，
人生不过是一场幻梦！
——昏睡的灵魂等于是死的，
事物的真相和外表不同，
人生是真切的！人生是实在的！
它的归宿并不是荒坟；
“你本是尘土，仍要归于尘土”，
这话说的并不是灵魂。
我们命定的目标和道路
不是享乐，也不是受苦；
而是行动，在每个明天，
都要比今天前进一步。
艺术永恒、时光飞逝，
我们的心，虽然勇敢、坚决，
仍然像闷声的鼓，它正在
伴奏向坟墓送葬的哀乐。
在这世界的辽阔战场上，
在这人生的营帐中，
莫学那听人驱策的哑畜，
要做一个战斗中的英雄！
别指靠未来，不管它多迷人！
让已逝的过去永久埋葬！
行动吧，——趁着现在的时光！
良知在心中，上帝在头上！
伟人的生平昭示我们：
我们能够生活得高尚，
而当告别人世的时候，
留下脚印在时间的沙上。
也许我们有一个弟兄
航行在庄严的人生大海，
船只沉没了，绝望的时候，
会看到这脚印而振作起来。
那么，让我们起来干吧，
对任何命运抱英雄气概；
不断地进取，不断地追求，
要学会劳动，学会等待。

训练提示：本文是一首抒情诗，作者用充满激情的笔调，激励人们在世界这个辽阔的“战场”中,在人生这个壮丽的“舞台”上,不要听从命运的驱使,不要一味地空想未来,也不要怀恋过去,而应该行动起来、振奋起来,不断追求、有所作为。朗诵时,基调铿锵有力、自信满满、斗志昂扬。

稿件五十八

帆

〔俄〕莱蒙托夫(余振 译)

在那大海上淡蓝色的云雾里,
有一片孤帆在闪耀着白光……
它寻求什么,在遥远的异地?
它抛下什么,在可爱的故乡?

波涛在汹涌——海风在呼啸,
桅杆弓起了腰轧轧作响,
唉!它不是在寻求什么幸福,
也不是逃避幸福而奔向他方!

下面是比蓝天还清澄的碧波,
上面是金黄而灿烂的阳光,
而它,不安地,在祈求风暴,
仿佛是在风暴中才有着安详!

训练提示:帆是诗人的化身,象征着诗人那孤独、反叛的灵魂,也象征着诗人对自由的向往。朗诵时,语气中要表达出进取的精神和顽强的生命力。

稿件五十九

一条未走的路

〔美〕弗罗斯特

黄色的树林里分出两条路,
可惜我不能同时去涉足,
我在那路口久久伫立,
我向着一条路极目望去,
直到它消失在丛林深处。

但我却选了另外一条路,
它荒草萋萋,十分幽寂,
显得更诱人、更美丽。
虽然在这两条小路上,
都很少留下旅人的足迹。

虽然那天清晨落叶满地,
两条路都未经脚印污染,
呵,留下一条路等改日再见!
但我知道路径延绵无尽头,
恐怕我难以再回返。

也许多少年后在某个地方,
我将轻声叹息把往事回顾:

一片树林里分出两条路——
而我选择了人迹更少的那一条，
从此决定了我一生的道路。

训练提示：这是一首深邃的哲理诗，展现了现实生活中人们处在命运的十字路口时难以抉择的心情。面对选择，如何选择，选择的是什么，不同的读者会有不同的心境。朗诵时，语言应该朴实无华、清新隽永、寓意深刻。

稿件六十

世界上最遥远的距离

世界上最遥远的距离
不是生与死的距离
而是我站在你面前
你不知道我爱你

世界上最遥远的距离
不是我站在你面前
你不知道我爱你
而是爱到痴迷
却不能说我爱你

世界上最遥远的距离
不是我不能说我爱你
而是想你痛彻心脾
却只能深埋心底

世界上最遥远的距离
不是我不能说我想你
而是彼此相爱
却不能够在一起

世界上最遥远的距离
不是彼此相爱
却不能够在一起
而是明知道真爱无敌
却装作毫不在意

世界上最遥远的距离
不是树与树的距离
而是同根生长的树枝
却无法在风中相依

世界上最遥远的距离
不是树枝无法相依
而是相互瞭望的星星
却没有交汇的轨迹

世界上最遥远的距离
不是星星没有交汇的轨迹
而是纵然轨迹交汇
却在转瞬间无处寻觅

世界上最遥远的距离
不是瞬间便无处寻觅
而是尚未相遇
便注定无法相聚

世界上最遥远的距离
是飞鸟与鱼的距离
一个翱翔天际
一个却深潜海底

训练提示:这首诗的作者目前没有确切定论,但并不妨碍其成为“世界最美的诗歌”。朗诵时,注意基调的把握:深沉忧郁、浪漫缠绵。本诗文字极具画面感,生动地展示了情感缠绵的热切渴望,以含蓄、真挚的语言表达了诗人的内心情感,倾诉了无限眷恋之情。

思考与练习:

1.请简述诗歌朗诵的特点。
2.请简述诗歌朗诵的分类。
3.请简述朗诵词的注意事项。
4.当代自由体诗歌的朗诵应如何把握情感?
5.请简述这几种不同类型诗歌的朗诵要领。

第三章　散文朗诵

教学目标:了解散文朗诵的共性规律,掌握古代散文和现代散文不同的朗诵技巧与方法,提升语言表达技能和朗诵技能。

教学重点:现代散文的朗诵技巧。

教学难点:古代散文的朗诵技巧。

课时安排:20 课时。

第一节　理论概述

随着文学的发展,散文的概念和内涵在不断演变。按照写作时代,散文主要分为古代散文和现代散文。

一、古代散文

1.古代散文的概念

与韵文、骈体文相对,不押韵、不重排偶的散体文章,不论是文学作品还是非文学作品,一概称为古代散文。

2.古代散文的种类与发展

古代散文的种类繁多,不同历史时期呈现出不同的类型特征。第一篇古代散文出现在先秦时期,收录于第一部散文集《尚书》。此后,随着时代的发展,相继出现了历史散文、诸子散文、汉代散文、魏晋南北朝散文、唐宋散文、元明清散文等。

3.古代散文的特点

难:造句文言。古代散文与现代散文最大的区别在于,现代散文是用讲究口语化的白话文造句的，易于理解；古代散文是用文言文造句的，对于现代人而言，很多句子生僻难懂，不易理解。

精：用字精练。文言文字字精当，每个字都有特定的含义与用途，因此对每个字、词都需理解到位。

活：结构灵活。古代散文是不押韵、不重排偶的散体文章，结构长短不一，行文杂然无序，句法多样灵活。

4.古代散文朗诵

（1）准：准确流畅——朗诵古代散文的基础

第一，疏通句法结构。文言文的字词凝练，句子结构复杂。朗诵前首先要梳理清楚字音、结构问题。从小处着手：就字音方面来说，中国汉字博大精深，古代散文音单义广，因此在朗诵古代散文前要弄清每个字音的特定读音，规范读音；从大处着眼：就结构方面来说，由字组成的句子长短不一、结构灵活、句法深奥，因此朗诵前要充分思考语句如何抱团、如何分层、如何停连。

第二，理解文意情感。对古代散文的理解比一般现代白话文体的理解多一个环节，即从文言文过渡到白话文的理解过程。在此过程中应当字斟句酌、反复推敲，要富有想象力，感受情感的内在转换。朗诵时有感而发、情动声发，引起情感共鸣。

（2）美：富于美感——朗诵古代散文的关键

①讲究抑扬顿挫。古代散文虽然不讲究押韵、对偶、对仗等，但其本身文无定势、长短不一的特点使朗诵充满了节奏感与变化性。

发声：要求吐字清晰，字音弹发，声音响亮，气息贯通。

表达：主要指运用内外部表达技巧，从停连、重音、语气、节奏的角度增强抑扬顿挫之感。停连要遵循一定的语句结构特征和表情达意的需要。要敢于停顿，使情感积淀；要敢于连接，使情感抱团。对于有重要含义的字词要大胆强调，可运用提高音量、放慢语速、拉长音节或强调前后停顿的技巧。语气要含义明确，语调抑扬分明，语势变化明显。节奏要从整体出发，讲究抑扬顿挫、轻重缓急的有序变化。

②善于夸张表现。很多人认为古代散文字面感太强，枯燥无趣，缺少口语化色彩，朗诵容易平淡无味。其实，很多古代散文同样可以“吟诵”，增加朗诵的感染力与表现力。吟诵有三种方法：一是运用夸张的语调变化；二是增强节奏变化；三是增大有感情的音量变化。

③不宜流于口语。古代散文中也有些通俗易懂的语句，朗诵时不应突然跳出文言文朗诵的范畴，变成对白话文的理解与表达。比如，从“吟诵”突然转变为“说”或“讲”，与上下文的朗诵脱节。此外，要与口语中对语气助词的读法作出区别。一般来

说，白话文中“了、的、吗、呢、呀、啊”等属于轻声音节，朗诵时可以进行弱化音节、轻声短促的处理；而古代散文中，语气助词“乎、咄夫、嘻、若夫、嗟、也、矣、哉、焉、耳、至若”等随处可见，朗诵时要拉长音节、夸张处理，体现古代散文的韵律。

需要注意的是，古代散文的朗诵应因篇而异，具体情况具体分析。按照不同朗诵者的不同风格和方法灵活处理，遵照以上基本规律，但不拘泥于此。

二、现代散文

1.现代散文的概念

现代散文的概念有广义和狭义之分，广义散文一般指除韵文以外的文章与文学作品，狭义散文是指与诗歌、小说、戏剧文学并列的一类文学体裁。① 我们这里讨论、研究的是狭义散文。

2.现代散文的种类

记叙性散文：以记叙性内容为主的散文，主要记人、叙事、写景。这类散文突出对具体事物的记叙和描绘，表现作者的认识和感受。

抒情性散文：以抒情性内容为主的散文，主要抒发情怀。这类散文语言生动，常运用比喻、象征、比拟等手法，寓思想于形象之中，具有较强的艺术感染力。

议论性散文：以议论性内容为主的散文，主要议论事理、表明观点。这类散文不同于一般的议论文，其中的议论不是干巴巴的，而是融入了生活情感与想象的议论。

3.现代散文的特点

(1)散：形散

现代散文是表现极为自由、零散的一种文学体裁，形散是现代散文最为直观的一个特点。

①篇幅短小，写法灵活：写作篇幅较短，是作者对某些生活片段或事件、人物的感想与描述。创作手法灵活，长短不一，不拘一格，短小精悍，以小见大。

②内容丰富，题材广泛：内容包罗万象，取材广泛自由。

③结构多样，形式自由：语言不受韵律的限制，运用叙述、描写、抒情、议论等多种表现手法。

(2)聚：神聚

神聚是现代散文最为重要的一个特点。所谓“神聚”，是指现代散文看似零散的

---

① 罗莉.文艺作品演播[M].北京：中国传媒大学出版社，2003：14.

文体背后总隐藏着一条清晰的线索贯穿全文，统领全篇。所以，形散只是表象，神聚才是实质。

（3）美：优美

现代散文素有“美文”之称，是诗情画意、情景并茂、富有意境的文学体裁。它清新隽永、简洁质朴的口语化语言可以勾勒出一幅幅优美的画卷，描绘出深邃的意境，给人以美的享受。

（4）真：真实

真实的情感是散文的品性。现代散文大都在真人真事的基础上加工创造完成，表现了作者的生活感受，并揭示了一定的社会意义。它是作者心灵的写照，是真情的流露。

4.现代散文朗诵

现代散文看似平淡，却容易使朗诵者陷入毫无情感色彩的平直朗读中，机械麻木，见字出声，无起伏变化。其实，现代散文蕴含着丰富的情感与人生感悟，朗诵者需要具备一定的语言功力与朗诵技巧，才能打动人心，表现出独特的美感。

（1）美声音

“美文”需要美的声音，朗诵者“不应是强烈多变、大起大伏的语言样式，而应似地泉涌出、小溪流淌、好友交心，自感自悟。具体用声和表达应为声低、语轻、内在、真挚，表达轻柔化，语言舒缓，不应音高、语快、声强、语硬、气紧这样的表达。”①

朗诵现代散文要具有自如声区的意识，即围绕表情达意的需要，以朗诵者本人的中低声区为主进行细微的音区变化。一般来说，声音不宜太高、太强、太实、太粗，声松气缓，音色柔和，咬字偏虚，语速适中，气息偏松，多采用口腔共鸣或胸部共鸣的方式。

虽然现代散文的声音较少起伏，语流较平稳，但其声音形式也要追求变化。记叙、抒情、议论等不同写作方式决定了其朗诵要用不同的声音形式区别处理。如抒情性的朗诵要比记叙性的朗诵在声音上起伏大，语流变化明显；议论性的朗诵要比抒情性的朗诵在个别重音上声音要高、要实，气息要强，咬字要紧。

（2）用技巧

朗诵需要技巧，这是毋庸置疑的。张颂老师曾经说过，“技巧的运用有两个阶段：其一是学习阶段，可以叫作‘刻意雕琢’阶段；其二是熟练阶段，可以叫作‘回归自然’阶段……我们主张技巧的实有性和能动性，朗读技巧包括停连、重音、语气、节奏四个方面。它们各有侧重，互相区别，又具有共性，互相沟通。它们成为朗读声音形式的四

---

① 罗莉.文艺作品演播教程[M].北京：中国传媒大学出版社，2003：19.

大支柱”①。

在现代散文朗诵中,技巧的运用也十分重要,初学者特别要加强“刻意雕琢”阶段对于技巧方面的学习与运用。

①停连方面:现代散文散而不乱、散而有致,朗诵中应以“连”为主,使语流舒展顺畅。但以“连”为主的朗诵,千万不能忽略“停”的重要作用。要加强停顿的运用,使情感得以沉淀与延展,以推动情感的再次流动。当然,这里的停顿“声断意不断”,即声音虽然停止了,但感情还在酝酿与延续,达到“此时无声胜有声”的朗诵效果。

②语气方面:现代散文语言自由舒展,朗诵时切忌拿腔拿调、装腔作势。一般来说,语气要舒缓轻柔、平和真挚,语势的起落变化相对自然平缓。此外,对于叙述、抒情、议论、描写等不同语言样态的语气处理要区别对待,主要表现为不同情感和内容支配下声音形式的变化:口腔的状态包括开合大小、前后位置、松紧力度等;吐字的状态包括前后位置、松紧力度、强弱力度等;气息的状态包括深浅、强弱、快慢等;声音的状态包括高低、强弱、长短、扬抑、快慢等;音色的状态包括明暗、轻重、喜怒、爱憎等。

(3)抓文眼

现代散文形散神聚,贵在立意。其“神聚”之处在于“文眼”,即每篇文章都围绕某个立意展开,可能是一个主题、一种思想或一条线索。首先,朗读者应具备一定的理解能力,善于抓出文章的“文眼”。一般来说,文眼主要出现在重点段落或重点层次中,在那些最能揭示中心思想、情感最浓烈、最富表现力的重点语句上。有时文章中并没有明显揭示立意的语句,需要通过文章的人物、情景、事件等去体味总结。其次,朗读者还应具备一定的表达能力,着重加强“文眼”处语句的表达,细心感悟、重点强调、声控情浓、渲染表现。

(4)动真情

现代散文大多表现的是真人真事,是作者真情实感的自然流露。朗诵者必须以情带声,将作者的所见、所闻、所思、所悟凝结于真情,直抒胸怀。

①运用想象,情景再现。现代散文文辞优美,意境深远。朗诵者要根据故事情节、人物形象、环境概貌等不同情境,引发相应的态度与情感,这个过程就是情景再现。它是一种想象、联想活动。朗诵者要通过理清头绪、设身处地、触景生情、现身说法四个步骤,运用想象、联想进入文章所烘托的规定情境中,由一个虚无的旁观者变为一个真实的当事人。

---

① 张颂.朗读学(第三版)[M].北京:中国传媒大学出版社,2010:116.

②真实感受，着眼受众。感受即“感之于外、受之于心”，是由内而外的情感调动过程，即内心有依据，外化有方向。朗诵现代散文，首先，要学会形象感受，即从内心角度出发，真听，真看，真闻，真尝，真摸，真感受，将一切还原为自己的亲历，刺激出朗诵者的真实情感；其次，要学会逻辑感受，即梳理清楚语句间的逻辑关系，语言本质要把握准确，语言链条要表述清晰，为情感的真实表达提供理性依据。

朗诵者心中要时刻装着受众，着眼受众，因为脱离受众的朗诵就是孤芳自赏、自我陶醉、自言自语。现代散文大多以第一人称写作，朗诵者要把自己想象成作者，这虽是一种虚幻的思想感情的单向流动，但这种对象感的想象可以实现交流感、自然感和真实感。此外，还要注意人物语言的写意化特点，真实的情感表达不应刻意模仿，过于追求声似、形似，而应追求人物语言的意象化，“神似”即可。

第二节　示例分析

一、古代散文

示例一

岳阳楼记

〔宋〕范仲淹

庆历四年春，滕子京谪守巴陵郡。越明年，政通人和，百废具兴，乃重修岳阳楼，增其旧制，刻唐贤今人诗赋于其上。属予作文以记之。

予观夫巴陵胜状，在洞庭一湖。衔远山，吞长江，浩浩汤汤，横无际涯；朝晖夕阴，气象万千。此则岳阳楼之大观也，前人之述备矣。然则北通巫峡，南极潇湘，迁客骚人，多会于此，览物之情，得无异乎？

若夫淫雨霏霏，连月不开，阴风怒号，浊浪排空；日星隐曜，山岳潜形；商旅不行，樯倾楫摧；薄暮冥冥，虎啸猿啼。登斯楼也，则有去国怀乡，忧谗畏讥，满目萧然，感极而悲者矣。

至若春和景明，波澜不惊，上下天光，一碧万顷；沙鸥翔集，锦鳞游泳；岸芷汀兰，郁郁青青。而或长烟一空，皓月千里，浮光跃金，静影沉璧，渔歌互答，此乐何极！登斯楼也，则有心旷神怡，宠辱偕忘，把酒临风，其喜洋洋者矣。

嗟夫！予尝求古仁人之心，或异二者之为，何哉？不以物喜，不以己悲；居庙堂之高则忧其民；处江湖之远则忧其君。是进亦忧，退亦忧。然则何时而乐耶？其必曰

“先天下之忧而忧，后天下之乐而乐”乎。噫！微斯人，吾谁与归？

时六年九月十五日。

示例分析：《岳阳楼记》是范仲淹应好友巴陵郡太守滕子京之请，为重修岳阳楼所写的一篇脍炙人口的古代散文名篇。本文共五个自然段，第一段叙事，第二、三、四段写景、抒情，第五段议论。

第一段交代作记的缘由。朗诵时节奏快慢适中，语气平缓，变化较少。

第二段描写岳阳楼的宏大美景，通过写景，生发议论。第一句总说景象范围，注意语气的领起和点指。第二句前半分句从空间角度描写了湖面的壮观景象，后半分句从时间角度描写了不同时间洞庭湖的不同景色，朗诵时语势扬起、节奏激昂。第三句注意有承前启后的回应之感。第四句经“然则”一转，从写景过渡到抒情，朗诵时设想迁客骚人观洞庭时的主观感受，注意语体表达的变化。

第三段写览物而悲者。这一段以“若夫”起笔，朗诵时要有引发议论的语气，采用托音托气的语势，有意味深长之感。连用四字短句描写景象的凄楚萧然，并过渡到悲凉的心境，朗诵时以下行语势为主，要注意情感凝重、语气低沉、语速缓慢。

第四段写览物而喜者。这一段以“至若”起笔，朗诵时同样要用引发议论的语气，但节奏轻快，语势扬起以上行为主，语速偏快，动感十足，与第三段形成鲜明的对比。“而或”一句进一步扩展了意境，增强了叠加咏叹的意味，注意语气的跌宕变化。最后一句把气氛推向高潮，情感荡开，语势更扬，节奏紧凑。

第五段是点明文章主旨的重点段，体现作者的思想境界。以“嗟夫”起笔，朗诵时注意点指与规劝感。文章结尾处是全篇的最高潮，朗诵时注意理性与感性的结合，尤其是情感的渲染与深化，表达出向往与敬慕之情。这一段的朗诵要求声高气朗、抑扬顿挫，充满爱国之情。

第六段交代文章的写作时间。朗诵时注意回归叙述，呼应开篇。

这篇文章的朗诵一要理解，体会古文语感；二要大气，读出崇高的思想境界；三要入情，读出古文情韵；四要抑扬顿挫，读出拖音与停顿；五要优美，读出语句押韵；六要变化，读出夹叙夹议之感，叙事清楚、叙景优美、议论精辟、情真意切。

示例二

陋室铭

〔唐〕刘禹锡

山不在高，有仙则名。水不在深，有龙则灵。斯是陋室，惟吾德馨。苔痕上阶绿，草色入帘青。谈笑有鸿儒，往来无白丁。可以调素琴，阅金经。无丝竹之乱耳，无案牍之劳形。南阳诸葛庐，西蜀子云亭。孔子云：何陋之有？

示例分析：《陋室铭》是古代散文中的名篇，是作者在贬谪期间为了勉励自己而作的铭文。这种文体一般都用骈句，句式较为整齐，抑扬顿挫，朗朗上口。

这篇散文短小精致，从表达方式来看，集描写、抒情、议论于一体，朗诵时注意语体表达的变化；从写作技法来看，有排比、对偶、对比、白描、隐喻、用典等手法，朗诵时要体现出音韵美；从句式来看，以骈句为主，骈散结合，句式整齐、节奏分明、音韵和谐，朗诵时注意音韵夸张、节奏明快、抑扬顿挫、声调和谐；从主题来看，借景说理，托物言志，立意鲜明，构思巧妙，朗诵时注意升华主题。

朗诵这篇散文要仔细理解文章的写作背景，站在作者的角度借景抒情，把握语气，既清高、儒雅，又有些自夸，还有点不屑与耿傲。尤其是文章结尾句“何陋之有？”，语气要张扬，增强艺术的感染力。

示例三

醉翁亭记

〔宋〕欧阳修

环滁皆山也。其西南诸峰，林壑尤美，望之蔚然而深秀者，琅琊也。山行六七里，渐闻水声潺潺而泻出于两峰之间者，酿泉也。峰回路转，有亭翼然临于泉上者，醉翁亭也。作亭者谁？山之僧智仙也。名之者谁？太守自谓也。太守与客来饮于此，饮少辄醉，而年又最高，故自号曰醉翁也。醉翁之意不在酒，在乎山水之间也。山水之乐，得之心而寓之酒也。

若夫日出而林霏开，云归而岩穴暝，晦明变化者，山间之朝暮也。野芳发而幽香，佳木秀而繁阴，风霜高洁，水落而石出者，山间之四时也。朝而往，暮而归，四时之景不同，而乐亦无穷也。

至于负者歌于途，行者休于树，前者呼，后者应，伛偻提携，往来而不绝者，滁人游也。临溪而渔，溪深而鱼肥。酿泉为酒，泉香而酒洌；山肴野蔌，杂然而前陈者，太守宴也。宴酣之乐，非丝非竹，射者中，弈者胜，觥筹交错，起坐而喧哗者，众宾欢也。苍颜白发，颓然乎其间者，太守醉也。

已而夕阳在山，人影散乱，太守归而宾客从也。树林阴翳，鸣声上下，游人去而禽鸟乐也。然而禽鸟知山林之乐，而不知人之乐；人知从太守游而乐，而不知太守之乐其乐也。醉能同其乐，醒能述以文者，太守也。太守谓谁？庐陵欧阳修也。

示例分析:《醉翁亭记》是一篇文辞优美的山水游记,表现了作者欧阳修寄情自然、随遇而安、与民同乐的旷达情怀。

第一段说明了醉翁亭的地理位置,朗诵时注意把握层次脉络。后半部分情景交融,由景转情,朗诵时要突出本文的文眼——“醉翁之意不在酒,在乎山水之间也”,感悟作者之“醉”:醉于山水美景,醉于与民同乐。

第二段分述山间朝暮四季的不同景色,以“若夫”转笔,朗诵时注意语气的转换。先用排偶句描绘美景,语气欢悦;再用议论抒发自己的欢乐心情。

第三段写滁人的游乐和太守的宴饮,含蓄地突显了作者的才能和抱负,展现出一幅祥和的百姓游乐图。这一段的朗诵要体现出觥筹交错的热闹场景,节奏明快紧凑,语气欢乐轻松,情感释放、带有醉意,在被贬谪的抑郁中又不乏享乐满足之感。

第四段写宴会散、众人归的情景,与上一段的语气色彩截然不同,带有感叹的意味,朗诵时要体现出作者复杂的情感。

此外,注意把握文章出现的21个“也”字,这是一种判断句式,“也”的语气色彩各异,但语势均复归于平缓和深沉。

示例四

前赤壁赋

〔宋〕苏　轼

壬戌之秋,七月既望,苏子与客泛舟游于赤壁之下。清风徐来,水波不兴。举酒属客,诵明月之诗,歌窈窕之章。少焉,月出于东山之上,徘徊于斗牛之间。白露横江,水光接天。纵一苇之所如,凌万顷之茫然。浩浩乎如冯虚御风,而不知其所止;飘飘乎如遗世独立,羽化而登仙。

于是饮酒乐甚,扣舷而歌之。歌曰:“桂棹兮兰桨,击空明兮溯流光。渺渺兮予怀,望美人兮天一方。”客有吹洞箫者,倚歌而和之。其声呜呜然,如怨如慕,如泣如诉;余音袅袅,不绝如缕。舞幽壑之潜蛟,泣孤舟之嫠妇。

苏子愀然,正襟危坐,而问客曰:“何为其然也?”客曰:“‘月明星稀,乌鹊南飞。’此非曹孟德之诗乎?西望夏口,东望武昌,山川相缪,郁乎苍苍,此非孟德之困于周郎者乎?方其破荆州,下江陵,顺流而东也,舳舻千里,旌旗蔽空,酾酒临江,横槊赋诗,固一世之雄也,而今安在哉?况吾与子渔樵于江渚之上,侣鱼虾而友麋鹿,驾一叶之扁舟,举匏樽以相属。寄蜉蝣于天地,渺沧海之一粟。哀吾生之须臾,羡长江之无穷。挟飞仙以遨游,抱明月而长终。知不可乎骤得,托遗响于悲风。”

苏子曰:“客亦知夫水与月乎?逝者如斯,而未尝往也;盈虚者如彼,而卒莫消长也。盖将自其变者而观之，则天地曾不能以一瞬；自其不变者而观之，则物与我皆无尽也，而又何羡乎！且夫天地之间，物各有主，苟非吾之所有，虽一毫而莫取。惟江上之清风，与山间之明月，耳得之而为声，目遇之而成色，取之无禁，用之不竭。是造物者之无尽藏也，而吾与子之所共适。”

客喜而笑，洗盏更酌。肴核既尽，杯盘狼藉。相与枕藉乎舟中，不知东方之既白。

示例分析：《前赤壁赋》为苏轼被贬谪黄州时所作，记叙了其与朋友月夜泛舟、饮酒赋诗游赤壁的所见、所感，表现了作者由矛盾、悲伤转而释然的复杂心理过程。

第一段交代了夜游赤壁的时间、人物，描写了作者泛舟游玩的愉悦心情。朗诵时应以景抒情，心胸开阔，生动形象。

第二段写作者饮酒放歌的欢乐和客人箫声的悲凉。这一段的语气先乐后悲，朗诵前两句时注意歌词部分的引用，体会“美人”实际上是作者所追求的美好事物的化身；朗诵后几句时要想象箫声的凄婉，语气由喜转忧，感悟作者怅惘、失意的心境。

第三段写客人对人生短促无常的感叹。这一段的特色是问答呼应，借问答抒情，朗诵时注意语气的点指性和强调性。追述曹操破荆州、迫使刘琮投降的往事时，要朗诵出回忆感，感叹此情此景。

第四段是作者针对客人对人生无常的感慨陈述自己的见解，以宽慰对方。朗诵时注意用议论的语气表现出作者虽身处逆境但依旧乐观、开朗、豁达的心态。

第五段写客人听后转悲为喜，开怀畅饮，回归游赏之乐，朗诵时注意结尾感和象征性。

从写作角度来说，本文语言精练生动，骈散结合，要朗诵出音律感、音乐美；从表现手法来说，本文做到了情、景、理的高度融合，朗诵时注意语气的相应变化；从感情发展来说，本文感情脉络起伏变化较大，有游赏之乐，有内心之苦，也有豁达之快，朗诵时注意情感的起落。

示例五

师说

〔唐〕韩　愈

古之学者必有师。师者，所以传道受业解惑也。人非生而知之者，孰能无惑？惑而不从师，其为惑也，终不解矣。生乎吾前，其闻道也固先乎吾，吾从而师之；生乎吾后，其闻道也亦先乎吾，吾从而师之。吾师道也，夫庸知其年之先后生于吾乎？是故无贵无贱，无长无少，道之所存，师之所存也。

嗟乎！师道之不传也久矣！欲人之无惑也难矣！古之圣人，其出人也远矣，犹且从师而问焉；今之众人，其下圣人也亦远矣，而耻学于师。是故圣益圣，愚益愚。圣人之所以为圣，愚人之所以为愚，其皆出于此乎？爱其子，择师而教之，于其身也，则耻师焉，惑矣。彼童子之师，授之书而习其句读者，非吾所谓传其道解其惑者也。句读之不知，惑之不解，或师焉，或不焉，小学而大遗，吾未见其明也。巫医、乐师、百工之人，不耻相师。士大夫之族，曰师曰弟子云者，则群聚而笑之。问之，则曰："彼与彼年相若也，道相似也。位卑则足羞，官盛则近谀。"呜呼！师道之不复可知矣。巫医、乐师、百工之人，君子不齿，今其智乃反不能及，其可怪也欤！

圣人无常师。孔子师郯子、苌弘、师襄、老聃。郯子之徒，其贤不及孔子。孔子曰：三人行，则必有我师。是故弟子不必不如师，师不必贤于弟子，闻道有先后，术业有专攻，如是而已。

李氏子蟠，年十七，好古文，六艺经传皆通习之，不拘于时，学于余。余嘉其能行古道，作师说以贻之。

示例分析：《师说》是作者韩愈写给他的学生李蟠的，是一篇说明教师的重要作用、从师学习的必要性以及择师的原则性的论说文，批评了当时普遍存在的不重师道的不良习俗。

本文广泛使用排比、对偶等修辞手法，增强了文章的表现力，朗诵时注意在议论的语气中要体现出抑扬顿挫之美感。此外，本文用词讲究，使用"嗟乎""呜呼"等语气词加强感叹，用限止语"如是而已"体现结论的无可置疑，朗诵时要注意语气的丰富性。

示例六

爱莲说

〔宋〕周敦颐

水陆草木之花，可爱者甚蕃。晋陶渊明独爱菊；自李唐来，世人盛爱牡丹；予独爱莲之出淤泥而不染，濯清涟而不妖，中通外直，不蔓不枝，香远益清，亭亭净植，可远观而不可亵玩焉。予谓菊，花之隐逸者也；牡丹，花之富贵者也；莲，花之君子者也。噫！菊之爱，陶后鲜有闻；莲之爱，同予者何人；牡丹之爱，宜乎众矣。

示例分析：《爱莲说》通过对莲的形象和品质的描写，赞颂了莲花的高贵品格，也表现了作者洁身自爱的高洁人格和对庸劣世态的憎恶。

本文可分为两个部分：第一部分写了莲的高贵品质；第二部分揭示莲花的比喻意义，抒发了作者的情怀。

朗诵这篇文章时，首先，要注意托物言志、以莲喻人的写作手法，不只赞颂莲的高贵，更要把握内在语的含义；其次，要注意在喻物抒怀时感情基调的把握；最后，要注意本文的语言特点——通俗易懂、讲究押韵、朗朗上口，要把握韵律、读出韵味。

二、现代散文

示例七

春

朱自清

盼望着，盼望着，东风来了，春天的脚步近了。

一切都像刚睡醒的样子，欣欣然张开了眼。山朗润起来了，水涨起来了，太阳的脸红起来了。

小草偷偷地从土里钻出来，嫩嫩的，绿绿的。园子里，田野里，瞧去，一大片一大片满是的。坐着，躺着，打两个滚，踢几脚球，赛几趟跑，捉几回迷藏。风轻悄悄的，草软绵绵的。

桃树、杏树、梨树，你不让我，我不让你，都开满了花赶趟儿。红的像火，粉的像霞，白的像雪。花里带着甜味儿；闭了眼，树上仿佛已经满是桃儿、杏儿、梨儿！花下成千成百的蜜蜂嗡嗡地闹着，大小的蝴蝶飞来飞去。野花遍地是：杂样儿，有名字的，没名字的，散在草丛里，像眼睛，像星星，还眨呀眨的。

“吹面不寒杨柳风”，不错的，像母亲的手抚摸着你。风里带来些新翻的泥土气息，混着青草味儿，还有各种花的香，都在微微润湿的空气里酝酿。鸟儿将窠巢安在繁花嫩叶当中，高兴起来了，呼朋引伴地卖弄清脆的喉咙，唱出宛转的曲子，与轻风流水应和着。牛背上牧童的短笛，这时候也成天嘹亮地响。

雨是最寻常的，一下就是两三天。可别恼。看，像牛毛，像花针，像细丝，密密地斜织着，人家屋顶上全笼着一层薄烟。傍晚时候，上灯了，一点点黄晕的光，烘托出一片安静而和平的夜。乡下去，小路上，石桥边，有撑起伞慢慢走着的人，还有地里工作的农夫，披着蓑，戴着笠。他们的房屋，稀稀疏疏的，在雨里静默着。

天上风筝渐渐多了，地上孩子也多了。城里乡下，家家户户，老老小小，也赶趟儿似的，一个个都出来了。舒活舒活筋骨，抖擞抖擞精神，各做各的一份事去。“一年之计在于春”，刚起头儿，有的是工夫，有的是希望。

春天像刚落地的娃娃，从头到脚是新的，它生长着。

春天像小姑娘，花枝招展的，笑着，走着。

春天像健壮的青年,有铁一般的胳膊和腰脚,领着我们上前去。

示例分析:《春》全篇由盼春、绘春、颂春三个部分组成,描绘出了春草图、春花图、春风图、春雨图、迎春图等一幅幅五彩缤纷的早春图。这篇文章的主题思想是对自由境界的向往,作者把其对人生理想的不懈追求都寄托于美的景物中,凝结在美的语言中,谱出一曲赞美青春的颂歌。

这篇文章的朗诵基调应该是明快的、热情的、赞美的、欣喜的、轻松的。用声状态积极饱满,语调上扬,声松语快。整体节奏轻快,不乏舒缓型节奏的交替。

第一段是对“盼春”的描写,为舒缓型节奏,为下文的轻快型节奏做好铺垫。两个“盼望着”的词语重叠,反映出人们对春天的期盼,朗诵时要注意把握这两个重叠词的层次性,情感应逐渐强烈,语调更加上扬;“春天的脚步”后面用强调性停顿的方法,使拟人的手法得以展现;“近了”要朗诵出翘首期盼之感和万分激动之情。

第二段是对春景的整体描绘,也是“描春”的开始部分。节奏为轻快型,表现出期盼之感。朗诵时,应把握住拟人的修辞手法,使语言“活”起来。“刚睡醒”“张开”“朗润”“涨”“红”为强调性重音,要朗诵出动作感和色彩性;“山”“水”“太阳”注意空间位置的层次变化。

第三段描绘的是春草图,节奏为舒缓型与轻快型交错。第一句用拟人化的手法表现出小草的顽强坚韧和俏皮可爱,“偷偷地”“钻”是强调性重音,朗诵时尤其要把握“偷偷地”的形象感和“钻”的动作感;“嫩嫩的”“绿绿的”是比喻性重音,要体现出小草的清新与鲜嫩。第二句描绘了小草迅速蔓延生长的情景,“园子里,田野里”要体现出空间感的变化,“一大片一大片”要体现出面积的广大,注意“满”的动作感与形象感,朗诵时气息饱满、语调拉长。第三句体现人们陶醉于春天的景象,“坐着,躺着” 作为一个语组用中速朗诵,之后略微停顿,然后将“打两个滚,踢几脚球,赛几趟跑,捉几回迷藏” 作为一个语组朗诵,语速加快、节奏加强,“坐”“躺”“打”“踢”“赛”“捉”要朗诵出不同的动作感和形象感;“风轻悄悄的,草软绵绵的”,朗诵时放慢节奏,“风”和“草”后面适当停顿,表现出惬意舒适的感觉。

第四段描绘的是春花图,节奏为轻快型。这一段要突出春花的“闹”,随视觉所及,先写树花,再写野花。第一句运用拟人化手法,朗诵语速偏快;第二句运用比喻手法,注意朗诵出不同的层次;第三句要运用想象、联想,用虚实结合的声音读出“桃儿、杏儿、梨儿”,有喜获丰收的之感;第四句写春虫,运用了拟人化手法,注意表现“闹”和“飞”字的动作感、听觉感和形象感;第五句写野花,运用了比喻的手法,后半句要注意化静为动、以动制静,要把野花的形态读活,读出生机与活力。

第五段描绘的是春风图,节奏以轻快型为主,舒缓型与之交错。第一句写春风的柔和，运用了比喻的手法，注意触觉感受，突出母爱的温柔；第二句写春风送芳香，注意嗅觉感受，抒情色彩浓重；第三、四句写春风传声，运用了拟人化的手法，注意听觉感受，要分辨出鸟声、笛声的层次感，有一种远听的欢快感。

第六段描绘的是春雨图，节奏为轻快型与舒缓型交错。第一句突出了春雨的连绵，“三两天”与第二句的“可别恼”形成了语气对比，“可别恼”是转折性重音；第三句用比喻、拟人、排比的手法写出了春雨的特色，朗读“像牛毛，像花针，像细丝”时注意层次区分、语势上扬；第四句“绿”“逼”为情感性重音，写出了雨中空气的清新，呈现出春的生机活力；第五句展现了一幅雨夜图，节奏变缓，烘托出雨夜的朦胧安静之美；第六句朗诵时注意空间感的变化，要烘托出人与自然和谐相处的美感；第七句运用叠音和拟人化的手法，将房屋人格化，要朗诵出烟雨笼罩下乡村画面的美感。

第七段描绘的是迎春图，节奏为轻快型。第一、二句在朗诵时注意空间感的变化：“天上”“地上”以及“城里乡下”“家家户户”；两个“多”字，一个比一个读得重，表现了孩子们在春暖花开时出来玩耍的喜悦；“一个个都出来了”，重音是“都”。第三句“舒活”“抖擞”两个词语重复出现，节奏逐渐加快。第四句的引言“一年之计在于春”是文章的文眼，要朗诵出盼春的意义：在感受春天的同时，赞美那些在大好春光里辛勤劳作的人们。两个“有的”是重音，强调春天带给人们的无限希望。

最后三段是文章的第三个部分——“颂春”，节奏为轻快型。这是全篇文章的升华部分，情绪饱满，充满激情。朗诵时要注意三个层次之间的夸张与对比，气势迭起。语气色彩应逐渐加重，程度依次为轻度、中度、重度。最后一句“领着我们上前去”应一字一顿，使情感得以升华。

示例八

白杨礼赞

茅　盾

白杨树实在是不平凡的，我赞美白杨树！

汽车在望不到边际的高原上奔驰，扑入你的视野的，是黄绿错综的一条大毡子。黄的是土，未开垦的荒地，几十万年前由伟大的自然力堆积成功的黄土高原的外壳；绿的呢，是人类劳力战胜自然的成果，是麦田。和风吹送，翻起了一轮一轮的绿波——这时你会真心佩服昔人所造的两个字“麦浪”，若不是妙手偶得，便确是经过锤炼的语言精华。黄与绿主宰着，无边无垠，坦荡如砥，这时如果不是宛若并肩的远山的连峰提醒了你（这些山峰凭你的肉眼来判断，就知道是在你脚底下的），你会忘记了汽车是在高原上行驶。这时你涌起来的感想也许是“雄壮”，也许是“伟大”，诸如此类的形容词；

然而同时你的眼睛也许觉得有点倦怠,你对当前的“雄壮”或“伟大”闭了眼,而另一种的味儿在你心头潜滋暗长了——“单调”。可不是?单调,有一点儿吧?

然而刹那间,要是你猛抬眼看见了前面远远有一排——不,或者只是三五株,一株,傲然地耸立,像哨兵似的树木的话,那你的恹恹欲睡的情绪又将如何?我那时是惊奇地叫了一声的。

那就是白杨树,西北极普通的一种树,然而实在是不平凡的一种树。

那是力争上游的一种树,笔直的干,笔直的枝。它的干通常是丈把高,像加过人工似的,一丈以内绝无旁枝。它所有的丫枝一律向上,而且紧紧靠拢,也像加过人工似的,成为一束,绝不旁逸斜出。它的宽大的叶子也是片片向上,几乎没有斜生的,更不用说倒垂了。它的皮光滑而有银色的晕圈,微微泛出淡青色。这是虽在北方风雪的压迫下却保持着倔强挺立的一种树。哪怕只有碗来粗细罢,它却努力向上发展,高到丈许,两丈,参天耸立,不折不挠,对抗着西北风。

这就是白杨树,西北极普通的一种树,然而决不是平凡的树。

它没有婆娑的姿态,没有屈曲盘旋的虬枝。也许你要说它不美,如果美是专指“婆娑”或“旁逸斜出”之类而言,那么,白杨树算不得树中的好女子。但是它伟岸,正直,朴质,严肃,也不缺乏温和,更不用提它的坚强不屈与挺拔,它是树中的伟丈夫。当你在积雪初融的高原上走过,看见平坦的大地上傲然挺立这么一株或一排白杨树,难道你就只觉得它是树?难道你就不想到它的朴质,严肃,坚强不屈,至少也象征了北方的农民?难道你竟一点也不联想到,在敌后的广大土地上,到处有坚强不屈,就像这白杨树一样傲然挺立的守卫他们家乡的哨兵?难道你又不更远一点想到,这样枝枝叶叶靠紧团结,力求上进的白杨树,宛然象征了今天在华北平原纵横决荡,用血写出新中国历史的那种精神和意志?

白杨树是不平凡的树,它在西北极普遍,不被人重视,就跟北方的农民相似;它有极强的生命力,磨折不了,压迫不倒,也跟北方的农民相似。我赞美白杨树,就因为它不但象征了北方的农民,尤其象征了今天我们民族解放斗争中所不可缺的朴质、坚强,力求上进的精神。

让那些看不起民众、贱视民众、顽固的倒退的人们去赞美那贵族化的楠木(那也是直挺秀颀的),去鄙视这极常见、极易生长的白杨树吧,我要高声赞美白杨树!

示例分析:《白杨礼赞》立意高远、形象鲜明,作者运用曲笔的写法,以白杨树为象征来表达自己的思想感情,采用“大题小做”的方法,通过对白杨树的赞美,热情歌颂了共产党领导下的正在坚持抗日战争的北方农民所表现出来的质朴、坚强、力求上进的精神,表达对北方抗日军民的热爱和赞美之情。

全文可分为五个部分：第一部分为第一段，点明题旨，直抒对白杨树的赞美之情；第二部分为第二至第四段，描写了西北高原的雄伟景象，引出白杨树的形象；第三部分为第五至第六段，赞颂白杨树力争上游、紧密团结、坚强不屈的精神；第四部分为第七至八段，歌颂白杨树的质朴风格和内在气质，以及所象征的北方农民所表现出来的精神品质；第五部分为最后一段，斥责那些贱视民众、顽固倒退的人们，再一次赞美白杨树。

这篇散文的朗诵基调应该是明快的、饱满的、积极的、赞扬的、热情的。声音明亮高亢，语调上扬，抒情色彩强，节奏为高亢型和轻快型交替。朗诵时，首先要调整好朗诵状态，以赞扬为主的语气需要积极的、释放的、打开的心态，这篇文章直接抒情赞扬的语句很多，“白杨树实在不是平凡的，我赞美白杨树”这一句在全篇中变换了五次，“我赞美白杨树”“我要高声赞美白杨树”……每一次的赞扬语气应有所不同，重音的把握也应不同。其次应注意抓住形象感受，比如对于高原的描述、对于白杨树形态的描写等，高原中“黄”与“绿”的色彩对比、高原中的单调荒凉与白杨树参天耸立的衬托对比、白杨树外在形态与内在气质的对比……这需要朗诵者大胆启发想象力，借助直接或间接视觉经验，内心要有画面感；最后要注意象征手法的运用，重点部分的描述不仅停留在对于白杨树的赞美上，更应深入体会内在的含义，重点把握关于白杨树精神的描写，抓住对白杨树所象征的北方农民的精神歌颂。

示例九

背影

朱自清

我与父亲不相见已二年余了，我最不能忘记的是他的背影。

那年冬天，祖母死了，父亲的差使也交卸了，正是祸不单行的日子。我从北京到徐州，打算跟着父亲奔丧回家。到徐州见着父亲，看见满院狼藉的东西，又想起祖母，不禁簌簌地流下眼泪。父亲说：“事已如此，不必难过，好在天无绝人之路！”

回家变卖典质，父亲还了亏空；又借钱办了丧事。这些日子，家中光景很是惨淡，一半为了丧事，一半为了父亲赋闲。丧事完毕，父亲要到南京谋事，我也要回北京念书，我们便同行。

到南京时，有朋友约去游逛，勾留了一日；第二日上午便须渡江到浦口，下午上车北去。父亲因为事忙，本已说定不送我，叫旅馆里一个熟识的茶房陪我同去。他再三嘱咐茶房，甚是仔细。但他终于不放心，怕茶房不妥帖；颇踌躇了一会。其实我那年已二十岁，北京已来往过两三次，是没有什么要紧的了。他踌躇了一会，终于决定还是自己送我去。我两三回劝他不必去;他只说,“不要紧,他们去不好!”

我们过了江,进了车站。我买票,他忙着照看行李。行李太多了,得向脚夫行些小费才可过去。他便又忙着和他们讲价钱。我那时真是聪明过分,总觉他说话不大漂亮,非自己插嘴不可,但他终于讲定了价钱;就送我上车。他给我拣定了靠车门的一张椅子;我将他给我做的紫毛大衣铺好座位。他嘱我路上小心,夜里警醒些,不要受凉。又嘱托茶房好好照应我。我心里暗笑他的迂;他们只认得钱,托他们只是白托!而且我这样大年纪的人,难道还不能料理自己么?唉,我现在想想,那时真是太聪明了!

我说道,“爸爸,你走吧。”他望车外看了看说:“我买几个橘子去。你就在此地,不要走动。”我看那边月台的栅栏外有几个卖东西的等着顾客。走到那边月台,须穿过铁道,须跳下去又爬上去。父亲是一个胖子,走过去自然要费事些。我本来要去的,他不肯,只好让他去。我看见他戴着黑布小帽,穿着黑布大马褂,深青布棉袍,蹒跚地走到铁道边,慢慢探身下去,尚不大难。可是他穿过铁道,要爬上那边月台,就不容易了。他用两手攀着上面,两脚再向上缩;他肥胖的身子向左微倾,显出努力的样子。这时我看见他的背影,我的泪很快地流下来了。我赶紧拭干了泪。怕他看见,也怕别人看见。我再向外看时,他已抱了朱红的橘子往回走了。过铁道时,他先将橘子散放在地上,自己慢慢爬下,再抱起橘子走。到这边时,我赶紧去搀他。他和我走到车上,将橘子一股脑儿放在我的皮大衣上。于是扑扑衣上的泥土,心里很轻松似的。过一会说:“我走了,到那边来信!”我望着他走出去。他走了几步,回过头看见我,说:“进去吧,里边没人。”等他的背影混入来来往往的人里,再找不着了,我便进来坐下,我的眼泪又来了。

近几年来,父亲和我都是东奔西走,家中光景是一日不如一日。他少年出外谋生,独力支持,做了许多大事。哪知老境却如此颓唐!他触目伤怀,自然情不能自已。情郁于中,自然要发之于外;家庭琐屑便往往触他之怒。他待我渐渐不同往日。但最近两年的不见,他终于忘却我的不好,只是惦记着我,惦记着我的儿子。我北来后,他写了一信给我,信中说道:“我身体平安,惟膀子疼痛厉害,举箸提笔,诸多不便,大约大去之期不远矣。”我读到此处,在晶莹的泪光中,又看见那肥胖的、青布棉袍、黑布马褂的背影。唉!我不知何时再能与他相见!

示例分析:《背影》是作者于 1925 年所写的一篇回忆性散文,当时中国的社会状况是:军阀割据,帝国主义势力明争暗斗,知识分子朝不保夕,广大劳动人民处在水深火热之中。作者以自己的家庭为例,讲述了家庭生活的窘迫,从侧面反映了当时知识分子前途渺茫、谋事艰难、境遇凄惨的现实。

全文可分为三个部分:第一部分为第一段,开篇点题,难忘“背影”;第二部分为第二至第五段,回忆往事,描写了在车站与父亲离别的情景,表现父子之爱;第三部分为第六段，再现“背影”，表达对父亲的思念之情。

朗诵这篇散文，首先要抓住“背影”的主题立意。父亲的背影是全文描写的焦点，作者从“背影”这一特殊角度抒发了父子真情，取得了强烈的艺术效果。“背影”在文章中出现了四次，朗诵时要体会每一次“背影”的不同感受，还要做到思想感情的一脉相承。第一次开篇点题“背影”，要体现出浓厚的深情；第二次车站送别，要对“背影”做具体的描绘；第三次是离别后，儿子眼望着父亲的“背影”在人群中消逝，离情别绪，催人泪下，是情感的高潮；第四次在文章的结尾，儿子读着父亲的来信，在泪光中再次浮现出父亲的“背影”，思念之情油然而生，与文章开头呼应，把父子之间的真挚感情表现出来。

其次要把握语言特色。这篇散文的语言特色：一是运用白描手法，没有华美的辞藻，都是质朴自然的白话。朗诵者要用心把握简洁朴实、真实感人的基调。二是文白夹杂，朗诵时要突出作者的特殊情感，表达出特殊的语言色彩。

最后要善于表达出真情。作者与父亲的爱都在具体的叙述和描写中表现出来，朗诵时要把握住文章中几个关键的动情点。比如父子间的四次对话，每一次都有丰富的潜台词。一个“真”字，是朗诵好本文的关键。

示例十

荷塘月色

朱自清

这几天心里颇不宁静。今晚在院子里坐着乘凉，忽然想起日日走过的荷塘，在这满月的光里，总该另有一番样子吧。月亮渐渐地升高了，墙外马路上孩子们的欢笑，已经听不见了；妻在屋里拍着闰儿，迷迷糊糊地哼着眠歌。我悄悄地披了大衫，带上门出去。

沿着荷塘，是一条曲折的小煤屑路。这是一条幽僻的路；白天也少人走，夜晚更加寂寞。荷塘四面，长着许多树，蓊蓊郁郁的。路的一旁，是些杨柳，和一些不知道名字的树。没有月光的晚上，这路上阴森森的，有些怕人。今晚却很好，虽然月光也还是淡淡的。

路上只我一个人，背着手踱着。这一片天地好像是我的；我也像超出了平常的自己，到了另一个世界里。我爱热闹，也爱冷静；爱群居，也爱独处。像今晚上，一个人在这苍茫的月下，什么都可以想，什么都可以不想，便觉是个自由的人。白天里一定要做的事，一定要说的话，现在都可不理。这是独处的妙处；我且受用这无边的荷香月色好了。

曲曲折折的荷塘上面，弥望的是田田的叶子。叶子出水很高，像亭亭的舞女的裙。层层的叶子中间，零星地点缀着些白花，有袅娜地开着，有羞涩的打着朵儿的；正如一粒粒的明珠，又如碧天里的星星，又如刚出浴的美人。微风过处，送来缕缕清香，仿佛远处高楼上渺茫的歌声似的。这时候叶子与花也有一丝的颤动，像闪电般，霎时传过荷塘的那边去了。叶子本是肩并肩密密地挨着，这便宛然有了一道凝碧的波痕。叶子底下是脉脉的流水，遮住了，不能见一些颜色；而叶子却更见风致了。

月光如流水一般，静静地泻在这一片叶子和花上。薄薄的青雾浮起在荷塘里。叶子和花仿佛在牛乳中洗过一样；又像笼着轻纱的梦。虽然是满月，天上却有一层淡淡的云，所以不能朗照；但我以为这恰是到了好处——酣眠固不可少，小睡也别有风味的。月光是隔了树照过来的，高处丛生的灌木，落下参差的斑驳的黑影，峭楞楞如鬼一般；弯弯的杨柳的稀疏的倩影，却又像是画在荷叶上。塘中的月色并不均匀，但光与影有着和谐的旋律，如梵婀玲上奏着的名曲。

荷塘的四面，远远近近，高高低低的都是树，而杨柳最多。这些树将一片荷塘重重围住；只在小路一旁，漏着几段空隙，像是特为月光留下的。树色一例是阴阴的，乍看像一团烟雾；但杨柳的丰姿，便在烟雾里也辨得出。树梢上隐隐约约的是一带远山，只有些大意罢了。树缝里也漏着一两点路灯光，没精打采的，是渴睡人的眼。这时候最热闹的，要数树上的蝉声与水里的蛙声；但热闹的是它们的，我什么也没有。

忽然想起采莲的事情来了。采莲是江南的旧俗，似乎很早就有，而六朝时为盛，从诗歌里可以约略知道。采莲的是少年的女子，她们是荡着小船，唱着艳歌去的。采莲人不用说很多，还有看采莲的人。那是一个热闹的季节，也是一个风流的季节。梁元帝《采莲赋》里说得好：

于是妖童媛女，荡舟心许；鹢首徐回，兼传羽杯；棹将移而藻挂，船欲动而萍开。尔其纤腰束素，迁延顾步；夏始春余，叶嫩花初，恐沾裳而浅笑，畏倾船而敛裾。

可见当时嬉游的光景了。这真是有趣的事，可惜我们现在早已无福消受了。于是又记起《西洲曲》里的句子：

采莲南塘秋，莲花过人头；低头弄莲子，莲子清如水。

今晚若有采莲人，这儿的莲花也算得"过人头"了；只不见一些流水的影子，是不行的。这令我到底惦着江南了。——这样想着，猛一抬头，不觉已是自己的门前；轻轻地推门进去，什么声息也没有，妻已睡熟好久了。

一九二七年七月，北京清华园

示例分析：《荷塘月色》是一篇以写景为主的抒情散文，作者通过描写荷塘月色的美景，含蓄而又委婉地抒发了对现实世界的不满与憎恶，对自由的渴望与追求，是作者想超脱现实而又无法超脱的复杂情感的真实写照。

朗诵这篇散文，首先要理清“构思”。这篇散文精于构思、巧于布局，达到了散文“形散神不散”的可贵境界。要抓住本文的中心思想：“有淡淡的哀愁，也有难得偷来片刻逍遥的淡淡的喜悦”。同时，把握本文的两条线索：一条是作者欣赏荷塘月色前后心情的变化，另一条是作者的行踪。

其次要抓住画面，即会运用“情景再现”想象出美的画面，抓住对景物的细致描述，体味美的意境。要理解动静结合、虚实分明、由远及近、从里及外等各种描写手法，运用声、光、色、味等各种形象感受的想象，以景衬情、情景交融，朗诵出优雅、朦胧、幽静之美。

再次要体会语言。这篇散文的语言特色是：第一，用轻笔淡彩的口语来描写；第二，运用比喻、拟人、排比、对比等多种艺术手法；第三，动词与叠字、叠词的运用频繁。朗诵时要加强韵律，注意渲染，表达出音乐美。

最后要体会真情。这篇散文抒情色彩很浓，作者的感情是复杂的，有“淡淡的忧愁”，也有“淡淡的喜悦”。朗诵时要把握作者情感运动的轨迹，整体情感基调应为偏低、偏平、偏缓，但情感色彩要真切，不可太冷淡。第三段的内心独白是反映作者思想的关键一段，要直接而集中地表达出作者复杂的心境。第四、五段的朗诵则要体现真情，因为作者寄情于景、借景抒情，应处理成抒情意味最浓的两段，此后渐趋平和。

示例十一

故都的秋

郁达夫

秋天，无论在什么地方的秋天，总是好的；可是啊，北国的秋，却特别地来得清，来得静，来得悲凉。我的不远千里，要从杭州赶上青岛，更要从青岛赶上北平来的理由，也不过想饱尝一尝这“秋”，这故都的秋味。

江南，秋当然也是有的；但草木凋得慢，空气来得润，天的颜色显得淡，并且又时常多雨而少风；一个人夹在苏州上海杭州，或厦门香港广州的市民中间混混沌沌地过去，只能感到一点点清凉，秋的味，秋的色，秋的意境与姿态，总看不饱，尝不透，赏玩不到十足。秋并不是名花，也并不是美酒，那一种半开、半醉的状态，在领略秋的过程上，是不合适的。

不逢北国之秋，已将近十余年了。在南方每年到了秋天，总要想起陶然亭的芦花，钓鱼台的柳影，西山的虫唱，玉泉的夜月，潭柘寺的钟声。在北平即使不出门去罢，就是在皇城人海之中，租人家一椽破屋来住着，早晨起来，泡一碗浓茶，向院子一坐，你也能看得到很高很高的碧绿的天色，听得到青天下驯鸽的飞声。从槐树叶底，朝东细数着一丝一丝漏下来的日光，或在破壁腰中，静对着像喇叭似的牵牛花(朝荣)的蓝朵，自然而然地也能够感觉到十分的秋意。说到了牵牛花，我以为以蓝色或白色者为佳，紫黑色次之，淡红色最下。最好，还要在牵牛花底，叫长着几根疏疏落落的尖细且长的秋草，使作陪衬。

北国的槐树，也是一种能使人联想起秋来的点缀。像花而又不是花的那一种落蕊，早晨起来，会铺得满地。脚踏上去，声音也没有，气味也没有，只能感出一点点极微细极柔软的触觉。扫街的在树影下一阵扫后，灰土上留下来的一条条扫帚的丝纹，看起来既觉得细腻，又觉得清闲，潜意识下并且还觉得有点儿落寞，古人所说的梧桐一叶而天下知秋的遥想，大约也就在这些深沉的地方。

秋蝉的衰弱的残声，更是北国的特产，因为北平处处全长着树，屋子又低，所以无论在什么地方，都听得见它们的啼唱。在南方是非要上郊外或山上去才听得到的。这秋蝉的嘶叫，在北平可和蟋蟀耗子一样，简直像是家家户户都养在家里的家虫。

还有秋雨哩，北方的秋雨，也似乎比南方的下得奇，下得有味，下得更像样。

在灰沉沉的天底下，忽而来一阵凉风，便息列索落地下起雨来了。一层雨过，云渐渐地卷向了西去，天又晴了，太阳又露出脸来了；着着很厚的青布单衣或夹袄的都市闲人，咬着烟管，在雨后的斜桥影里，上桥头树底下去一立，遇见熟人，便会用了缓慢悠闲的声调，微叹着互答着地说：

“唉，天可真凉了——”(这了字念得很高，拖得很长。)

“可不是吗？一层秋雨一层凉了！”

北方人念阵字，总老像是层字，平平仄仄起来，这念错的歧韵，倒来得正好。

北方的果树，到秋来，也是一种奇景。第一是枣子树，屋角，墙头，茅房边上，灶房门口，它都会一株株地长大起来。像橄榄又像鸽蛋似的这枣子颗儿，在小椭圆形的细叶中间，显出淡绿微黄的颜色的时候，正是秋的全盛时期；等枣树叶落，枣子红完，西北风就要起来了，北方便是尘沙灰土的世界，只有这枣子、柿子、葡萄，成熟到八九分的七八月之交，是北国的清秋的佳日，是一年之中最好也没有的 Golden Days。

有些批评家说，中国的文人学士，尤其是诗人，都带着很浓厚的颓废色彩，所以中国的诗文里，颂赞秋的文字特别的多。但外国的诗人，又何尝不然？我虽则外国诗文念得不多，也不想开出帐来，做一篇秋的诗歌散文钞，但你若去一翻英德法意等诗人的集子，或各国的诗文的 Anthology 来，总能够看到许多关于秋的歌颂与悲啼。各著名的大诗人的长篇田园诗或四季诗里，也总以关于秋的部分，写得最出色而最有味。足见有感觉的动物，有情趣的人类，对于秋，总是一样的能特别引起深沉、幽远、严厉、萧索的感触来的。不单是诗人，就是被关闭在牢狱里的囚犯，到了秋天，我想也一定会感到一种不能自已的深情；秋之于人，何尝有国别，更何尝有人种阶级的区别呢？不过在中国，文字里有一个“秋士”的成语，读本里又有着很普遍的欧阳子的《秋声》与苏东坡的《赤壁赋》等，就觉得中国的文人，与秋的关系特别深了。可是这秋的深味，尤其是中国的秋的深味，非要在北方，才感受得到底。

南国之秋，当然是也有它的特异的地方的，比如廿四桥的明月，钱塘江的秋潮，普陀山的凉雾，荔枝湾的残荷等等，可是色彩不浓，回味不永。比起北国的秋来，正像是黄酒之与白干，稀饭之与馍馍，鲈鱼之与大蟹，黄犬之与骆驼。

秋天，这北国的秋天，若留得住的话，我愿把寿命的三分之二折去，换得一个三分之一的零头。

一九三四年八月在北平

示例分析：《故都的秋》是一篇写景抒情的散文，描绘的是北京的秋色，赞美了故都的自然风物，抒发了作者对故都之秋的向往、眷恋之情，并流露出其忧郁、孤独的情绪。

这篇散文感情浓厚，文辞优美，把故都的秋色与作者的情感有机地结合在一起，情景交融，意境深远。本文的文眼是“可是啊，北国的秋，却特别地来得清，来得静，来得悲凉”，“清”“静”“悲凉”三个词是最能表现作者感情基调的词语，结合作者所处的社会环境，整篇散文的情感被笼罩了一层忧郁的色彩，在朗诵时注意体会作者的主观感受。

朗诵景物描写时，要认真体味其中所蕴含的思想感情。作者对景物的描写，一是善于抓住最能反映平民特色的故都“小景”——“秋晨之景”“秋槐之景”“秋蝉之景”“秋雨之景”“秋果之景”；二是借助与“南国之秋”的对比，衬托故都之秋的美，对比抒情；三是本文略于写景、尽力抒情。因此，朗诵时注意本文的情感色彩，当读到作者直抒胸臆的内容时，更要认真感受作者的心意、情怀，以情驭景，以景显情。

示例十二

荔枝蜜

杨　朔

花鸟草虫，凡是上得画的，那原物往往也叫人喜爱。蜜蜂是画家的爱物，我却总不大喜欢。说起来可笑。孩子时候，有一回上树掐海棠花，不想叫蜜蜂螫了一下，痛得我差点儿跌下来。大人告诉我说：蜜蜂轻易不螫人，准是误以为你要伤害它，才螫；一螫，它自己耗尽生命,也活不久了。我听了,觉得那蜜蜂可怜,原谅它了。可是从此以后,每逢看见蜜蜂,感情上疙疙瘩瘩的,总不怎么舒服。

今年四月,我到广东从化温泉小住了几天。四围是山,怀里抱着一潭春水,那又浓又翠的景色,简直是一幅青绿山水画。刚去的当晚,是个阴天,偶尔倚着楼窗一望,奇怪啊,怎么楼前凭空涌起那么多黑黝黝的小山,一重一重的,起伏不断?记得楼前是一片比较平坦的园林,不是山。这到底是什么幻景呢?赶到天明一看,忍不住笑了。原来是满野的荔枝树,一棵连一棵,每棵的叶子都密得不透缝,黑夜看去,可不就像小山似的!

荔枝也许是世上最鲜最美的水果。苏东坡写过这样的诗句:“日啖荔枝三百颗,不辞长作岭南人”,可见荔枝的妙处。偏偏我来的不是时候,满树刚开着浅黄色的小花,并不出众。新发的嫩叶,颜色淡红,比花倒还中看些。从开花到果子成熟,大约得三个月,看来我是等不及在从化温泉吃鲜荔枝了。

吃鲜荔枝蜜,倒是时候。有人也许没听说这稀罕物儿吧?从化的荔枝树多得像汪洋大海,开花时节,那蜜蜂满野嘤嘤嗡嗡,忙得忘记早晚,有时还趁着月色采花酿蜜。荔枝蜜的特点是成色纯,养分多。住在温泉的人多半喜欢吃这种蜜,滋养精神。热心肠的同志为我也弄到两瓶。一开瓶子塞儿,就是那么一股甜香;调上半杯一喝,甜香里带着股清气,很有点鲜荔枝味儿。喝着这样的好蜜,你会觉得生活都是甜的呢。

我不觉动了情,想去看看自己一向不大喜欢的蜜蜂。

荔枝林深处,隐隐露出一角白屋,那是温泉公社的养蜂场,却起了个有趣的名儿,叫“养蜂大厦”。正当十分春色,花开得正闹。一走近“大厦”,只见成群结队的蜜蜂出出进进,飞去飞来,那沸沸扬扬的情景,会使你想:说不定蜜蜂也在赶着建设什么新生活呢。

养蜂员老梁领我走进“大厦”。叫他老梁,其实是个青年人,举动很精细。大概是老梁想叫我深入一下蜜蜂的生活,小小心心揭开一个木头蜂箱,箱里隔着一排板,每块板上满是蜜蜂,蠕蠕地爬着。蜂王是黑褐色的,身量特别细长,每只蜜蜂都愿意用采来的花精供养它。

老梁叹息似的轻轻说:“你瞧这群小东西,多听话。”

我就问道:“像这样一窝蜂,一年能割多少蜜?”

老梁说:“能割几十斤。蜜蜂这物件,最爱劳动。广东天气好,花又多,蜜蜂一年四季都不闲着。酿的蜜多,自己吃的可有限。每回割蜜,给它们留一点点糖,够它们吃的就行了。它们从来不争,也不计较什么,还是继续劳动、继续酿蜜,整日整月不辞辛苦……”

我又问道:“这样好蜜,不怕什么东西来糟害么?”

老梁说:“怎么不怕?你得提防虫子爬进来,还得提防大黄蜂。大黄蜂这贼最恶,常常落在蜜蜂窝洞口。专干坏事。”

我不觉笑道:“噢!自然界也有侵略者。该怎么对付大黄蜂呢?”

老梁说:“赶!赶不走就打死它。要让它待在那儿,会咬死蜜蜂的。”

我想起一个问题,就问:“可是呢,一只蜜蜂能活多久?”

老梁回答说:“蜂王可以活三年,一只工蜂最多能活六个月。”

我说:“原来寿命这样短。你不是总得往蜂房外边打扫死蜜蜂么?”

老梁摇一摇头说:“从来不用。蜜蜂是很懂事的,活到限数,自己就悄悄死在外边,再也不回来了。”

我的心不禁一颤:多可爱的小生灵啊!对人无所求,给人的却是极好的东西。蜜蜂是在酿蜜,又是在酿造生活;不是为自己,而是在为人类酿造最甜的生活。蜜蜂是渺小的;蜜蜂却又多么高尚啊!

透过荔枝树林,我沉吟地望着远远的田野,那儿正有农民立在水田里,辛辛勤勤地分秧插秧。他们正用劳力建设自己的生活,实际也是在酿蜜——为自己,为别人,也为后世子孙酿造着生活的蜜。

这黑夜,我做了个奇怪的梦,梦见自己变成一只小蜜蜂……酿造着未来……

案例分析:《荔枝蜜》是一篇构思精巧的抒情散文。本文通过对蜜蜂辛勤酿造荔枝蜜的记叙,赞美了建设美好生活而无私奉献的精神。

全文可分为五个部分。第一部分为第一段,写作者对蜜蜂怀有成见;第二部分为第二至第五段,写了荔枝林的茂盛、荔枝的鲜美和荔枝蜜的甜香;第三部分为第六至第十七段,写作者参观养蜂大厦,看到蜜蜂采花酿蜜的情景,表达了对蜜蜂的赞美;第四部分为第十八段,从蜜蜂的采花酿蜜联想到农民的辛勤劳动,表达了作者建设社会主义新生活的强烈愿望;第五部分为第十九段,作者梦见自己变成一只小蜜蜂,照应开头,前后呼应。

朗诵这篇散文,首先要抓住作者情感的发展变化,先抑后扬,朗诵者要善于把握语气的转变。其次,要学会联想,借物抒情。本文共出现了三次联想,一是由荔枝蜜的甜美想到生活的甜美;二是由蜜蜂忙碌的情景想到建设新生活;三是由荔枝蜜的酿造者蜜蜂想到幸福生活的建造者——劳动人民,抒发对劳动人民的敬仰和赞美。再次,要抓住重点语句,体会“文眼”。“蜜蜂是在酿蜜,又是在酿造生活;不是为自己,而是在为人类酿造最甜的生活。蜜蜂是渺小的;蜜蜂却又多么高尚啊!”“他们正用劳力建设自己的生活,实际也是在酿蜜——为自己,为别人,也为后世子孙酿造着生活的蜜”,注意使用内在语表现主题,激发人们对社会主义新生活的热爱。最后,要品味本文散文诗化的语言,用朴实真挚、饱含真情的语言讲述故事,用节奏的起落变化体现出诗意美。此外,朗诵时注意文中人物的对话,用口语化的语言追求“神似而非形似”,还要注意叙述语言与人物语言的区别。

第三节 训练稿件

一、古代散文

稿件一

桃花源记

〔晋〕陶渊明

晋太元中,武陵人捕鱼为业。缘溪行,忘路之远近。忽逢桃花林,夹岸数百步,中无杂树,芳草鲜美,落英缤纷,渔人甚异之。复前行,欲穷其林。

林尽水源,便得一山,山有小口,仿佛若有光。便舍船,从口入。初极狭,才通人。复行数十步,豁然开朗。土地平旷,屋舍俨然,有良田美池桑竹之属。阡陌交通,鸡犬相闻。其中往来种作,男女衣着,悉如外人。黄发垂髫,并怡然自乐。

见渔人,乃大惊,问所从来。具答之。便要还家,设酒杀鸡作食。村中闻有此人,咸来问讯。自云先世避秦时乱,率妻子邑人来此绝境,不复出焉,遂与外人间隔。问今是何世,乃不知有汉,无论魏晋。此人一一为具言所闻,皆叹惋。余人各复延至其家,皆出酒食。停数日,辞去。此中人语云:“不足为外人道也。”

既出,得其船,便扶向路,处处志之。及郡下,诣太守,说如此。太守即遣人随其往,寻向所志,遂迷,不复得路。

南阳刘子骥,高尚士也,闻之,欣然规往。未果,寻病终,后遂无问津者。

训练提示:《桃花源记》是陶渊明的代表篇目。全文共分为三个部分:第一部分为第一段,写渔人发现桃花源的经过;第二部分为第二、三段,写渔人进入桃花源的见闻,这是本文的重点部分;第三部分为第四、五段,描写了故事的结局。

首先,本文构思精巧、层次分明,朗诵时注意体现转换与衔接;其次,本文语言生动简练,朗诵时注意体现讲述感与形象感;最后,本文运用层层设疑的写作手法,朗诵时注意语气的拿捏与气氛的渲染,应在虚幻中寄托着真实理想。

稿件二

兰亭集序

〔晋〕王羲之

永和九年,岁在癸丑,暮春之初,会于会稽山阴之兰亭,修禊事也。群贤毕至,少长咸集。此地有崇山峻岭,茂林修竹;又有清流激湍,映带左右,引以为流觞曲水,列坐其次。虽无丝竹管弦之盛,一觞一咏,亦足以畅叙幽情。

是日也,天朗气清,惠风和畅,仰观宇宙之大,俯察品类之盛,所以游目骋怀,足以极视听之娱,信可乐也。

夫人之相与,俯仰一世。或取诸怀抱,悟言一室之内;或因寄所托,放浪形骸之外。虽趣舍万殊,静躁不同,当其欣于所遇,暂得于己,快然自足,不知老之将至。及其所之既倦,情随事迁,感慨系之矣。向之所欣,俯仰之间,已为陈迹,犹不能不以之兴怀。况修短随化,终期于尽。古人云:“死生亦大矣。”岂不痛哉!

每览昔人兴感之由,若合一契,未尝不临文嗟悼,不能喻之于怀。固知一死生为虚诞,齐彭殇为妄作。后之视今,亦犹今之视昔,悲夫!故列叙时人,录其所述。虽世殊事异,所以兴怀,其致一也。后之览者,亦将有感于斯文。

训练提示:《兰亭集序》记叙了王羲之与友人在兰亭周围聚会的欢乐之情,描写了周围山水景色之美,抒发了作者“修短随化,终期于尽”的感叹。

本文语言清新,文字简洁,对仗整齐,音韵和谐,融叙事、写景、抒情、议论于一体。朗诵时注意情感的发展变化:文章前一部分叙述集会的时间、地点,描绘出兰亭优美的自然环境;后一部分由欣赏美景引发出对乐与忧、生与死的感慨,作者的情绪也由平静转向激荡。

稿件三

捕蛇者说

〔唐〕柳宗元

永州之野产异蛇,黑质而白章;触草木,尽死;以啮人,无御之者。然得而腊之以为饵,可以已大风、挛踠、瘘,疠,去死肌,杀三虫。其始,太医以王命聚之,岁赋其二,募有能捕之者,当其租入。永之人争奔走焉。

有蒋氏者,专其利三世矣。问之,则曰:“吾祖死于是,吾父死于是。今吾嗣为之十二年,几死者数矣。”言之,貌若甚戚者。

余悲之,且曰:“若毒之乎?余将告于莅事者,更若役,复若赋,则何如?”

蒋氏大戚,汪然出涕曰:“君将哀而生之乎?则吾斯役之不幸,未若复吾赋不幸之甚也。向吾不为斯役,则久已病矣。自吾氏三世居是乡,积于今六十岁矣,而乡邻之生日蹙,殚其地之出,竭其庐之入。号呼而转徙,饥渴而顿踣。触风雨,犯寒暑,呼嘘毒疠,往往而死者相藉也。曩与吾祖居者,今其室十无一焉。与吾父居者,今其室十无二三焉。与吾居十二年者,今其室十无四五焉。非死则徙尔。而吾以捕蛇独存。悍吏之来吾乡,叫嚣乎东西,隳突乎南北;哗然而骇者,虽鸡狗不得宁焉。吾恂恂而起,视其缶,而吾蛇尚存,则弛然而卧。谨食之,时而献焉。退而甘食其土之有,以尽吾齿。盖一岁之犯死者二焉,其余则熙熙而乐,岂若吾乡邻之旦旦有是哉。今虽死乎此,比吾乡邻之死则已后矣,又安敢毒耶?”

余闻而愈悲,孔子曰:“苛政猛于虎也!”吾尝疑乎是,今以蒋氏观之,犹信。呜呼!孰知赋敛之毒有甚是蛇者乎!故为之说,以俟夫观人风者得焉。

训练提示:《捕蛇者说》以“蛇”为线索,步步递进,由异蛇引出异事,由异事导出异理。朗诵时注意思路的清晰和语体的转换,表达方式以叙事为主,辅以议论,用抒情强化感染力。

稿件四

曹刿论战

〔先秦〕左丘明

十年春,齐师伐我。公将战。曹刿请见。其乡人曰:“肉食者谋之,又何间焉?”刿曰:“肉食者鄙,未能远谋。”乃入见。问:“何以战?”公曰:“衣食所安,弗敢专也,必以分人。”对曰:“小惠未徧,民弗从也。”公曰:“牺牲玉帛,弗敢加也,必以信。”对曰:“小信未孚,神弗福也。”公曰:“小大之狱,虽不能察,必以情。”对曰:“忠之属也,可以一战。战则请从。”

公与之乘,战于长勺。公将鼓之。刿曰:“未可。”齐人三鼓。刿曰:“可矣。”齐师败绩。公将驰之。刿曰:“未可。”下视其辙,登轼而望之,曰:“可矣。”遂逐齐师。

既克,公问其故。对曰:“夫战,勇气也。一鼓作气,再而衰,三而竭。彼竭我盈,故克之。夫大国,难测也,惧有伏焉。吾视其辙乱,望其旗靡,故逐之。”

训练提示:《曹刿论战》记叙了曹刿在长勺之战中的一番评论。文章第一段写战前准备,第二段写战时经过,第三段写战后总结。

朗诵时注意摸清文章线索，理清思脉。此外，文章用对话交代情节和刻画人物，朗诵时注意对话的形象感和内在含义。

稿件五

阿房宫赋

〔唐〕杜　牧

六王毕，四海一，蜀山兀，阿房出。覆压三百余里，隔离天日。骊山北构而西折，直走咸阳。二川溶溶，流入宫墙。五步一楼，十步一阁；廊腰缦回，檐牙高啄；各抱地势，钩心斗角。盘盘焉，囷囷焉，蜂房水涡，矗不知其几千万落。长桥卧波，未云何龙？复道行空，不霁何虹？高低冥迷，不知西东。歌台暖响，春光融融；舞殿冷袖，风雨凄凄。一日之内，一宫之间，而气候不齐。

妃嫔媵嫱，王子皇孙，辞楼下殿，辇来于秦，朝歌夜弦，为秦宫人。明星荧荧，开妆镜也；绿云扰扰，梳晓鬟也；渭流涨腻，弃脂水也；烟斜雾横，焚椒兰也。雷霆乍惊，宫车过也；辘辘远听，杳不知其所之也。一肌一容，尽态极妍，缦立远视，而望幸焉。有不得见者，三十六年。燕赵之收藏，韩魏之经营，齐楚之精英，几世几年，剽掠其人，倚叠如山。一旦不能有，输来其间。鼎铛玉石，金块珠砾，弃掷逦迤，秦人视之，亦不甚惜。

嗟乎！一人之心，千万人之心也。秦爱纷奢，人亦念其家。奈何取之尽锱铢，用之如泥沙？使负栋之柱，多于南亩之农夫；架梁之椽，多于机上之工女；钉头磷磷，多于在庾之粟粒；瓦缝参差，多于周身之帛缕；直栏横槛，多于九土之城郭；管弦呕哑，多于市人之言语。使天下之人，不敢言而敢怒。独夫之心，日益骄固。戍卒叫，函谷举，楚人一炬，可怜焦土！

呜呼！灭六国者六国也，非秦也。族秦者秦也，非天下也。嗟夫！使六国各爱其人，则足以拒秦。使秦复爱六国之人，则递三世可至万世而为君，谁得而族灭也？秦人不暇自哀，而后人哀之；后人哀之而不鉴之，亦使后人而复哀后人也。

训练提示：《阿房宫赋》是一篇借古讽今的赋体散文。通过描写阿房宫的兴建及毁灭，警告统治者要以史为鉴，吸取秦王朝灭亡的历史教训。

朗诵时要注意把握文章的脉络：第一段描写阿房宫建筑宏伟、壮丽；第二段描写统治者生活的荒淫、腐朽、奢靡；第三段指出秦必亡之命运；第四段总结秦亡的历史教训，讽谏唐王勿重蹈覆辙。另外，注意把握“赋”的朗诵特点——夸张渲染，音律和谐。

稿件六

得道多助，失道寡助

〔战国〕孟　子

孟子曰："天时不如地利，地利不如人和。"

三里之城，七里之郭，环而攻之而不胜。夫环而攻之，必有得天时者矣；然而不胜者，是天时不如地利也。

城非不高也，池非不深也，兵革非不坚利也，米粟非不多也；委而去之，是地利不如人和也。

故曰：域民不以封疆之界，固国不以山溪之险，威天下不以兵革之利。得道者多助，失道者寡助。寡助之至，亲戚畔之；多助之至，天下顺之。以天下之所顺，攻亲戚之所畔，故君子有不战，战必胜矣。

训练提示：《得道多助，失道寡助》来源于《孟子》，是孟子及其弟子记录孟子的治国思想和政治策略的儒家经典。本文论述了天、地、人三者的关系，朗诵时注意议论充分、层次清晰。行文论点突出、大气磅礴，要朗诵出气势，具有说服力。

二、现代散文

稿件七

鸟的天堂

巴　金

我们在陈的小学校里吃了晚饭。热气已经退了。太阳落下了山坡，只留下一段灿烂的红霞在天边，在山头，在树梢。

"我们划船去！"陈提议说。我们正站在学校门前池子旁边看山景。

"不好"，别的朋友沮丧地接口说。

我们走过一段石子路，很快地就到了珠江边。那里有—个茅草搭的水阁。穿过水阁，在河边两棵大树下我们找到了几只小船。

我们陆续跳在一只船上。一个朋友解开绳子，拿起竹竿一拨，船缓缓地动了，向河中间流去。

三个朋友划着船，我和叶坐在船中望四周的景致。

远远地一座塔耸立在山坡上，许多绿树拥抱着它。在这附近很少有那样的塔，那里就是朋友叶的家乡。

河面很宽，白茫茫的水上没有波浪。船平静地在水面流动。三只桨有规律地在水里拨动。

在一个地方河面变窄了。一簇簇的绿叶伸到水面来。树叶绿得可爱。这是许多棵茂盛的榕树，但是我看不出树干在什么地方。

我说许多棵榕树的时候，我的错误马上就给朋友们纠正了，一个朋友说那里只有一棵榕树，另一个朋友说那里的榕树是两棵。我见过不少的大榕树，但是像这样大的榕树我却是第一次看见。

我们的船渐渐地逼近榕树了。我有机会看清它的真面目：是一棵大树，枝干的数目不可计数。枝上又生根，有许多根一直垂到地上，进了泥土里。一部分的树枝垂到水面，从远处看，就像一棵大树躺在水上一样。

现在正是枝叶繁茂的时节（树上已经结了小小的果子，而且有许多落下来了。）这棵榕树好像在把它的全部生命力展览给我们看。那么多的绿叶，一簇堆在另一簇上面，不留一点缝隙。翠绿的颜色明亮地在我们的眼前闪耀，似乎每一片树叶上都有一个新的生命在颤动，这美丽的南国的树！

船在树下泊了片刻，岸上很湿，我们没有上去。朋友说这里是“鸟的天堂”，有许多只鸟在这棵树上做窝，农民不许人捉它们。我仿佛听见几只鸟扑翅的声音，但是等到我的眼睛注意地看那里时，我却看不见一只鸟的影子。只有无数的树根立在地上，像许多根木桩。地是湿的，大概涨潮时河水常常冲上岸去。“鸟的天堂”里没有一只鸟，我这样想道。船开了。一个朋友拨着船，缓缓地流到河中间去。

在河边田畔的小径里有几棵荔枝树。绿叶丛中垂着累累的红色果子。我们的船就往那里流去。一个朋友拿起桨把船拨进一条小沟。在小径旁边，船停住了，我们都跳上了岸。

两个朋友很快地爬到树上去，从树上抛下几枝带叶的荔枝，我同陈和叶三个人站在树下接。等到他们下地以后，我们大家一面吃荔枝，一面走回船上去。

第二天我们划着船到叶的家乡去，就是那个有山有塔的地方。从陈的小学校出发，我们又经过那个“鸟的天堂”。

这一次是在早晨，阳光照在水面上，也照在树梢。一切都显得非常明亮。我们的船也在树下泊了片刻。

起初四周非常清静。后来忽然起了一声鸟叫。朋友陈把手一拍，我们便看见一只大鸟飞起来，接着又看见第二只，第三只。我们继续拍掌。很快地这个树林变得很热闹了。到处都是鸟声，到处都是鸟影。大的，小的，花的，黑的，有的站在枝上叫，有的飞起来，有的在扑翅膀。

我注意地看。我的眼睛真是应接不暇，看清楚这只，又看漏了那只，看见了那只，第三只又飞走了。一只画眉鸟飞了出来，给我们的拍掌声一惊，又飞进树林，站在一根小枝上兴奋地唱着，它的歌声真好听。

“走吧”，叶催我道。

小船向着高塔下面的乡村流去的时候，我还回过头去看留在后面的茂盛的榕树。我有一点留恋的心情。昨天我的眼睛骗了我。“鸟的天堂”的确是鸟的天堂啊！

训练提示：《鸟的天堂》是一篇脍炙人口的经典散文朗诵篇目，在当时的动荡年代，作者笔下描述的这一方乐土引起了人们广泛的兴趣。全文可分为四个部分：第一部分为第一段至第八段，是作者去鸟的天堂之前的铺垫；第二部分为第九至第十五段，描绘了作者第一次经过鸟的天堂的场景；第三部分为第十六至第二十段，描绘了作者第二次经过鸟的天堂的场景；第四部分为第二十一段，表达作者对鸟的天堂的赞美和留恋。

这篇散文的整体基调是积极、轻松、明快、赞美的，节奏以轻快型为主。朗诵这篇散文时，首先要注意根据静景和动景的转变，调节节奏与语态的变化。描述静态榕树的内容时，气息绵长，声音舒缓，情深意厚，有耐人寻味之感；描述动态群鸟的内容时，气息短促，声音跳跃，动感热闹，有应接不暇之感。其次要注意形象感受的运用，在描写榕树的美景时有强烈的视觉冲击；在描写群鸟的“闹”时，既有“声”，也有“影”，注意运用视觉、听觉等感受带动画面感和形象感。最后要注意表达出情感。作者善于运用平铺直叙的语言抒情，朗诵时要注意表现人物的活动过程和内心感情的细微变化。此外，这篇文章中也不乏作者直抒胸臆的语句，朗诵时要感情真挚。

稿件八

秋天的怀念

史铁生

双腿瘫痪后，我的脾气变得暴怒无常。望着望着窗外天上北归的雁阵，我会突然把面前的玻璃砸碎；听着听着李谷一甜美的歌声，我会猛地把手边的东西摔向四周的墙壁。母亲这时就会悄悄地躲出去，在我看不见的地方偷偷地听着我的动静。当一切恢复沉寂时，她又悄悄地进来，眼边红红的，看着我。“听说北海的花儿都开了，我推着你去走走。”她总是这么说。母亲喜欢花，可自从我的腿瘫痪以后，她侍弄的那些花都死了。“不，我不去！”我狠命地捶打这两条可恨的腿，喊着，“我活着有什么劲儿！”

母亲扑过来抓住我的手，忍住哭声说："咱娘儿俩在一块儿，好好儿活，好好儿活……"

可我却一直都不知道，她的病已经到了那步田地。后来妹妹告诉我，她常常肝疼得整宿整宿翻来覆去地睡不了觉。

那天我又独自坐在屋里，看着窗外的树叶"唰唰啦啦"地飘落。母亲进来了，挡在窗前："北海的菊花开了，我推着你去看看吧。"她憔悴的脸上现出央求般的神色。"什么时候？""你要是愿意，就明天？"她说。我的回答已经让她喜出望外了。"好吧，就明天。"我说。她高兴得一会坐下，一会站起："那就赶紧准备准备。""哎呀，烦不烦？几步路，有什么好准备的！"她也笑了，坐在我身边，絮絮叨叨地说着："看完菊花，咱们就去'仿膳'，你小时候最爱吃那儿的豌豆黄儿。还记得那回我带你去北海吗？你偏说那杨树花是毛毛虫，跑着，一脚踩扁一个……"她忽然不说了。对于"跑"和"踩"一类的字眼，她比我还敏感。她又悄悄地出去了。

她出去了，就再也没回来。

邻居们把她抬上车时，她还在大口大口地吐着鲜血。我没想到她已经病成那样。看着三轮车远去，也绝没有想到那竟是永远的诀别。

邻居的小伙子背着我去看她的时候，她正艰难地呼吸着，像她那一生艰难的生活。别人告诉我，她昏迷前的最后一句话是："我那个有病的儿子和我那个还未成年的女儿……"

又是秋天，妹妹推着我去北海看了菊花。黄色的花淡雅，白色的花高洁，紫红色的花热烈而深沉，泼泼洒洒，秋风中正开得烂漫。我懂得母亲没有说完的话。妹妹也懂。我俩在一块儿，要好好儿活……

训练提示：《秋天的怀念》是一篇短篇散文，描写了作者对秋天逝世的母亲的回忆，表现了作者对母亲深切的怀念，以及对"子欲养而亲不待"的悔恨之情。全文可分为三个部分：第一部分为第一、二段，描写了作者对生活的绝望和母亲的关爱；第二部分为第三段至六段，描写了母亲去世的过程；第三部分为第七段，描写了作者的顿悟和悔恨之情，表达对母亲的思念。

这篇散文的基调是感伤的、深沉的。朗诵这篇散文，关键要表现出母爱这一主题。首先要注意表达出作者情感的细微变化：由对命运满心的愤恨和抱怨到对母亲的思念之情、悔恨之情、自责之情。其次，体会在对比中突显出的母亲的深情，比如"我"的暴怒与母亲的慈爱，"我"对生活的绝望与母亲坚定的鼓励，"我"对母亲病情的浑然不知与母亲的隐瞒等。朗诵时，尤其要注意人物语言对话中语气的处理，表达出作者与母亲的不同心境。最后，体会在平淡的叙述中释放的真情，比如结尾部分是全篇情感最浓烈的地方，虽然没有直接抒情，但是言语中却充满情感的力量。

稿件九

小橘灯

冰　心

这是十几年以前的事了。

在一个春节前一天的下午，我到重庆郊外去看一位朋友。她住在那个乡村的乡公所楼上。走上一段阴暗的仄仄的楼梯，进到一间有一张方桌和几张竹凳、墙上装着一架电话的屋子，再进去就是我的朋友的房间，和外间只隔一幅布帘。她不在家，窗前桌上留着一张条子，说是她临时有事出去，叫我等着她。

我在她桌前坐下，随手拿起一张报纸来看，忽然听见外屋板门吱的一声开了，过了一会儿，又听见有人在挪动那竹凳子。我掀开帘子，看见一个小姑娘，只有八九岁光景，瘦瘦的苍白的脸，冻得发紫的嘴唇，头发很短，穿一身很破旧的衣裤，光脚穿一双草鞋，正在登上竹凳想去摘墙上的听话器，看见我似乎吃了一惊，把手缩了回来。我问她："你要打电话吗？"她一面爬下竹凳，一面点头说："我要×× 医院，找胡大夫，我妈妈刚才吐了许多血！"我问："你知道××医院的电话号码吗？"她摇了摇头说："我正想问电话局……"我赶紧从机旁的电话本子里找到医院的号码，就又问她："找到了大夫，我请他到谁家去呢？"她说："你只要说王春林家里病了，他就会来的。"

我把电话打通了，她感激地谢了我，回头就走。我拉住她问："你的家远吗？"她指着窗外说："就在山窝那棵大黄果树下面，一下子就走到的。"说着就噔、噔、噔地下楼去了。

我又回到里屋去，把报纸前前后后都看完了，又拿起一本《唐诗三百首》来，看了一半，天色越发阴沉了，我的朋友还不回来。我无聊地站了起来，望着窗外浓雾里迷茫的山景，看到那棵黄果树下面的小屋，忽然想去探望那个小姑娘和她生病的妈妈。我下楼在门口买了几个大红橘子，塞在手提袋里，顺着歪斜不平的石板路，走到那小屋的门口。

我轻轻地叩着板门，刚才那个小姑娘出来开了门，抬头看了我，先愣了一下，后来就微笑了，招手叫我进去。这屋子很小很黑，靠墙的板铺上，她的妈妈闭着眼平躺着，大约是睡着了，被头上有斑斑的血痕，她的脸向里侧着，只看见她脸上的乱发和脑后的一个大髻。门边一个小炭炉，上面放着一个小沙锅，微微地冒着热气。这小姑娘把炉前的小凳子让我坐了，她自己就蹲在我旁边，不住地打量我。我轻轻地问："大夫来过了吗？"她说："来过了，给妈妈打了一针……她现在很好。"她又像安慰我似的说："你放心，大夫明早还要来的。"我问："她吃过东西吗？这锅里是什么？"她笑说："红薯稀饭——我们的年夜饭。”我想起了我带来的橘子，就拿出来放在床边的小矮桌上。她没有做声，只伸手拿过一个最大的橘子来，用小刀削去上面的一段皮，又用两只手把底下的一大半轻轻地揉捏着。

我低声问：“你家还有什么人？”她说：“现在没有什么人，我爸爸到外面去了……”她没有说下去，只慢慢地从橘皮里掏出一瓤一瓤的橘瓣来，放在她妈妈的枕头边。

炉火的微光，渐渐地暗了下去，外面变黑了。我站起来要走，她拉住我，一面极其敏捷地拿过穿着麻线的大针，把那小橘碗四周相对地穿起来，像一个小筐似的，用一根小竹棍挑着，又从窗台上拿了一段短短的蜡头，放在里面点起来，递给我说：“天黑了，路滑，这盏小橘灯照你上山吧！”

我赞赏地接过，谢了她，她送我出到门外，我不知道说什么好，她又像安慰我似的说：“不久，我爸爸一定会回来的，那时我妈妈就会好了。”她用小手在面前画一个圆圈，最后按到我的手上：“我们大家也都好了！”显然地，这“大家”也包括我在内。

我提着这灵巧的小橘灯，慢慢地在黑暗潮湿的山路上走着。这朦胧的橘红的光，实在照不了多远，但这小姑娘的镇定、勇敢、乐观的精神鼓舞了我，我似乎觉得眼前有无限光明！

我的朋友已经回来了，看见我提着小橘灯，便问我从哪里来。我说：“从…… 从王春林家来。”她惊异地说：“王春林，那个木匠，你怎么认得他？去年山下医学院里，有几个学生，被当作共产党抓走了，以后王春林也失踪了，据说他常替那些学生送信……”

当夜，我就离开那山村，再也没有听见那小姑娘和她母亲的消息。

但是从那时起，每逢春节，我就想起那盏小橘灯。十二年过去了，那小姑娘的爸爸一定早回来了。她妈妈也一定好了吧？因为我们“大家”都“好”了！

训练提示：《小橘灯》是作者冰心根据亲身经历创作的，全文可分为三个部分：第一部分为第一至五段，描写了作者与小姑娘的相遇过程；第二部分为第六段至十二段，描写了作者探望小姑娘家，小姑娘用小橘灯表达希望，赞颂了小姑娘勇敢、坚定、乐观的精神品质；第三部分为第十三段，作者回忆小橘灯，想象小姑娘全家已经团聚了。

朗诵时，注意分析明、暗两条线索：“我”与小姑娘的交往、小姑娘的行为举止是明线；小姑娘的爸爸以及全家与医学院学生的关系则是暗线。明暗相济，共同为表现主题服务。

要注意把握“以小显大”。一是以小故事衬托大背景，在时代大背景下普通的人、物、事反映了一个大的主题，厌恶国民党统治下的旧中国，热爱和赞美新中国。二是通过白描式的勾勒，塑造了一个外表朴素平凡但内心坚强的鲜活形象，朗诵时不仅体现小姑娘的心灵手巧，更要突出小姑娘的美好人格。三要体会重点语句的内在含义，以点见面，尤其体会文章点明主旨的一句：她用小手在面前画一个圆圈，最后按到我的手上："我们大家也都好了！"显然地，这"大家"也包括我在内。

作品采用第一人称叙述，朗诵时注意把握内心的真实感受。朗诵者要体味"我"的观察、"我"的同情、"我"的敬佩。

要注意语言的形象感和动作感。比如"忽然听见外屋板门吱的一声开了"中"吱"的表达，要体现出听觉感受；"说着就噔、噔、噔地下楼去了"中"噔、噔、噔"的表达要力度合适，体现出穿草鞋踩上去的感觉等。

要注意人物的对话。朗诵时要注意体现出"我"与小姑娘的年龄、身份的不同，还要注意个别对话的内在语。比如"红薯稀饭——我们的年夜饭"，要注意语气的分寸感，红薯稀饭对于小姑娘来说，一是穷苦，二是朴实，三是知足。

稿件十

第一场雪

峻　青

这是入冬以来，胶东半岛上第一场雪。

雪纷纷扬扬，下得很大。开始还伴着一阵儿小雨，不久就只见大片大片的雪花，从彤云密布的天空中飘落下来。地面上一会儿就白了。冬天的山村，到了夜里就万籁俱寂，只听得雪花簌簌地不断往下落，树木的枯枝被雪压断了，偶尔咯吱一声响。

大雪整整下了一夜。今天早晨，天放晴了，太阳出来了。推门一看，嗬！好大的雪啊！山川、河流、树木、房屋，全都罩上了一层厚厚的雪，万里江山，变成了粉妆玉砌的世界。落光了叶子的柳树上挂满了毛茸茸亮晶晶的银条；而那些冬夏常青的松树和柏树上，则挂满了蓬松松沉甸甸的雪球儿。一阵风吹来，树枝轻轻地摇晃，美丽的银条和雪球儿簌簌地落下来，玉屑似的雪末儿随风飘扬，映着清晨的阳光，显出一道道五光十色的彩虹。

大街上的积雪足有一尺多深，人踩上去，脚底下发出咯吱咯吱的响声。一群群孩子在雪地里堆雪人，掷雪球，那欢乐的叫喊声，把树枝上的雪都震落下来了。

俗话说，"瑞雪兆丰年"。这个话有充分的科学根据，并不是一句迷信的成语。寒冬大雪，可以冻死一部分越冬的害虫；融化了的水渗进土层深处，又能供应庄稼生长的需要。我相信这一场十分及时的大雪，一定会促进明年春季作物，尤其是小麦的丰收。有经验的老农把雪比做是"麦子的棉被"。冬天"棉被"盖得越厚，明春麦子就长得越好，所以又有这样一句谚语："冬天麦盖三层被，来年枕着馒头睡。"

我想，这就是人们为什么把及时的大雪称为“瑞雪”的道理吧。

训练提示：《第一场雪》是一篇写景抒情的散文。全文可分为四个部分：第一部分为第一、二段，描写了雪前景象；第二部分为第三、四段，描写了下雪的场景；第三部分为第五、六段，描写了雪后美景；第四部分为第七、八段，描写了由雪景引起的联想。

朗诵这篇散文时，首先要把握形象感受。第二部分描写雪下得很大，视觉感受居多，“很大”“大片大片”“一会儿”；听觉感受的运用也非常重要，“簌簌”“不断”“咯吱”，这些都要朗诵出雪下得又大又密之感。第三部分中“推门一看，嗬！好大的雪啊！”运用情景再现，找到语气的内心依据；“一阵风吹来，树枝轻轻地摇晃，美丽的银条和雪球儿簌簌地落下来，玉屑似的雪末儿随风飘扬”“咯吱咯吱的响声”“那欢乐的叫喊声”“震落”运用听觉、触觉和运动觉，表现出形象感和动态美。

其次要体现情景交融。描写雪景的美不是本文的主要目的，雪后联想才点明主旨。朗诵者要抓住内在情感，特别是最后一部分的“瑞雪兆丰年”“冬天麦盖三层被，来年枕着馒头睡”要朗诵出对丰收的期盼。

稿件十一

樱花赞

冰　心

樱花是日本的骄傲。到日本去的人，未到之前，首先要想起樱花；到了之后，首先要谈到樱花。你若是在夏秋之间到达的，日本朋友们会很惋惜地说：“你错过了樱花季节了！”你若是冬天到达的，他们会挽留你说：“多待些日子，等看过樱花再走吧！”总而言之，樱花和“瑞雪灵峰”的富士山一样，成了日本的象征。

我看樱花，往少里说，也有几十次了。在东京的青山墓地看，上野公园看，千鸟渊看……在京都看，奈良看……雨里看，雾中看，月下看……日本到处都有樱花，有的是几百棵花树拥在一起，有的是一两棵花树在路旁水边悄然独立。春天在日本就是沉浸在弥漫的樱花气息里！

我的日本朋友告诉我，樱花一共有三百多种，最多的是山樱，吉野樱和八重樱。山樱和吉野樱不像桃花那样地白中透红，也不像梨花那样地白中透绿，它是莲灰色的。八重樱就丰满红润一些，近乎北京城里春天的海棠。此外还有浅黄色的郁金樱，枝花低垂的枝垂樱，“春分”时节最早开花的彼岸樱，花瓣多到三百余片的菊樱……掩映重叠，争妍斗艳。清代诗人黄遵宪的樱花歌中有：

……

墨江泼绿水微波
万花掩映江之沱
倾城看花奈花何
人人同唱樱花歌
……
花光照海影如潮
游侠聚作萃渊薮
……
十日之游举国狂
岁岁欢虞朝复暮
……

这首歌写尽了日本人春天看樱花的举国若狂的盛况。“十日之游”是短促的，连阴之后，春阳暴暖，樱花就漫山遍地地开了起来，一阵风雨，就又迅速地凋谢了，漫山遍地又是一片落英！日本的文人因此写出许多“人生短促”的凄凉感喟的诗歌，据说樱花的特点也在“早开早落”上面。

也许因为我是个中国人，对于樱花的联想，不是那么灰暗。虽然我在一九四七年的春天，在东京的青山墓地第一次看樱花的时候，墓地里尽是些阴郁的低头扫墓的人；间以喝多了酒引吭悲歌的醉客，当我穿过园穹似的莲灰色的繁花覆盖的甬道的时候，也曾使我起了一阵低沉的感觉。

今年春天我到日本，正是樱花盛开的季节，我到处都看了樱花，在东京、大阪、京都、箱根、镰仓……但是四月十三日我在金泽萝香山上所看到的樱花，却是我所看过的最璀璨、最庄严的华光四射的樱花！

四月十二日，下着大雨，我们到离金泽市不远的内滩渔村去访问。路上偶然听说明天是金泽市出租汽车公司工人罢工的日子。金泽市有十二家出租汽车公司，有汽车二百五十辆，雇用着几百名的司机和工人。他们为了生活的压迫，要求增加工资，已经进行过五次罢工了，还没有达到目的，明天的罢工将是第六次。

那个下午，我们在大雨的海滩上，和内滩农民的家里，听到了许多工农群众为反对美军侵占农田作打靶场奋起斗争终于胜利的种种可泣可歌的事迹。晚上又参加了一个情况热烈的群众欢迎大会，大家都兴奋得睡不好觉，第二天早起，匆匆地整装出发，我根本把今天汽车司机罢工的事情忘在九霄云外了。

早晨八点四十分，我们从旅馆出来，十一辆汽车整整齐齐地摆在门口。我们分别上了车，徐徐地沿着山路，曲折而下。天气晴明，和煦的东风吹着，灿烂的阳光晃着我们的眼睛……

这时我才忽然想起,今天不是汽车司机们罢工的日子么?他们罢工的时间不是从早晨八时开始么?为着送我们上车,不是耽误了他们的罢工时刻么?我连忙向前面和司机同坐的日本朋友询问究竟。日本朋友回过头来微微地笑说:“为着要送中国作家代表团上车站,他们昨夜开个紧急会议,决定把罢工时间改为从早晨九点开始了!”我正激动着要说一两句道谢的话的时候,那位端详稳静、目光注视着前面的司机,稍稍地侧着头,谦和地说:“促进日中人民的友谊,也是斗争的一部分啊!”

我的心猛然地跳了一下,像点着的焰火一样,从心灵深处喷出了感激的漫天灿烂的火花……

清晨的山路上,没有别的车辆,只有我们这十一辆汽车,沙沙地飞驰。这时我忽然看到,山路的两旁,簇拥着雨后盛开的几百树几千树的樱花!这樱花,一堆堆,一层层,好像云海似的,在朝阳下绯红万顷,溢彩流光。当曲折的山路被这无边的花云遮盖了的时候,我们就像坐在十一只首尾相接的轻舟之中,凌驾着骀荡的东风,两舷溅起哗哗的花浪,迅捷地向着初升的太阳前进!

下了山,到了市中心,街上仍没有看到其他行驶的车辆,只看到街旁许多的汽车行里,大门敞开着,门内排列着大小的汽车,门口插着大面的红旗,汽车工人们整齐地站在门边,微笑着目送我们这一行车辆走过。

到了车站,我们下了车,以满腔沸腾的热情紧紧地握着司机们的手,感谢他们对我们的帮忙,并祝他们斗争胜利。

热烈的惜别场面过去了,火车开了好久,窗前拂过的是连绵的雪山和奔流的春水,但是我的眼前仍旧辉映着这一片我所从未见过的奇丽的樱花!

我回过头来,问着同行的日本朋友:“樱花不消说是美丽的,但是从日本人看来,到底樱花美在哪里?”他搔了搔头,笑着说:“世界上没有不美的花朵……至于对某一种花的喜爱,却是由于各人心中的感触。日本文人从美而易落的樱花里,感到人生的短暂,武士们就联想到捐躯的壮烈。至于一般人民,他们喜欢樱花,就是因为它在凄厉的冬天之后,首先给人民带来了兴奋喜乐的春天的消息。在日本,樱花就是多!山上、水边、街旁、院里,到处都是。积雪还没有消融,冬服还没有去身,幽暗的房间里还是春寒料峭,只要远远地一丝东风吹来,天上露出了阳光,这樱花就漫山遍地的开起!不管是山樱也好,吉野樱也好,八重樱也好……向它旁边的日本三岛上的人民,报告了春天的振奋蓬勃的消息。”

这番话,给我讲明了两个道理。一个是:樱花开遍了蓬莱三岛,是日本人民自己的花,它永远给日本人民以春天的兴奋与鼓舞;一个是看花人的心理活动,做成了对于某些花卉的特别喜爱。金泽的樱花，并不比别处的更加美丽。汽车司机的一句深切动人的、表达日本劳动人民对于中国人民的深厚友谊的话，使得我眼中的金泽的漫山遍地的樱花，幻成一片中日人民友谊的花的云海，让友谊的轻舟，激箭似地，向着灿烂的朝阳前进！

深夜回忆，暖意盈怀，欣然提笔作樱花赞。

训练提示：《樱花赞》是冰心创作的一系列国际题材散文的代表作。全文可分为三个部分：第一部分为第一至五段，描写了作者赏樱花的经历；第二部分为第六至十五段，描写了作者访问日本的发生的感人故事；第三部分为第十六至十八段，赞颂中日两国人民的深厚情谊。

朗诵这篇散文，首先要把握文章的结构特点：写景抒情—叙事—用情言志。朗诵时注意语态表达的变化。其次要把握作者感情的发展脉络。第一部分是赏樱花，要抒发出作者对樱花的赞赏之情；第二部分从日本樱花写到日本人，是全篇的主要部分，是内容的升华。在这里，作者体会到的樱花是“从未见过的奇丽的樱花”，日本朋友的话更使主题升华到中日两国人民之间的情谊，借景抒情，意境深远，文笔是清雅的，情感是浓烈的。最后，要体味诗化的语言，表达生动优美，体现出美感。

稿件十二

麻雀

〔俄〕屠格涅夫

我打猎回来，走在林荫的路上，猎狗跑在我的前面。

忽然，我的猎狗放慢脚步，悄悄地向前走，好像前面有什么野物。

风猛地摇着路旁的白桦树。我顺着林荫路望去，看见一只小麻雀呆呆地站在地上，拍打着小翅膀。它嘴角嫩黄，头上长着绒毛，分明才出生不久，是从窝里摔下来的。

猎狗慢慢走近小麻雀，嗅了嗅，张开大嘴，露出锋利的牙齿。突然，一只老麻雀像一块石头似的从一棵树上飞下来，落在猎狗的面前。它蓬起了全身的羽毛，样子很难看，绝望地尖叫着。在它看来，猎狗是个多么庞大的怪物啊！可是，它不能站在高高的没有危险的树枝上，一股强大的力量，使它飞了下来。

猎狗怔住了，它可能没有料到老麻雀会有这么大的勇气，慢慢地、慢慢地向后退。

我急忙唤回我的猎狗，带着它走开了。

训练提示：《麻雀》描写了作者在打猎路上遇到的一件小事，通过一只老麻雀奋不顾身地掩护受到猎狗威胁的小麻雀的故事，赞扬了伟大的母爱。全文可分为三个部分:第一部分为第一段,交代了故事发生的背景;第二部分为第二至五段,描写了老麻雀护雏的过程;第三部分为第六段,描写了故事的结局,耐人寻味。

这篇散文的节奏属于紧张型,也伴有舒缓型节奏,朗诵时要把握两种节奏类型的回环往复和交替变化。第一段为舒缓型,语速正常,以讲述为主;第二段为紧张型,语气明显变化,语势扬起,语速加快,注意结尾部分的判断色彩;第三段为舒缓型,注意表达出对小麻雀的怜爱;第四段是文章的重点段落,节奏为紧张型,要注意语气、语速、情感的轻重缓急和层次变化,除第四句有舒缓色彩外,其余均表现为紧张色彩,而且分量逐渐增强,第五句分量极重,一气呵成;第五段为紧张型,分量变轻,要注意"怔""退"的动作感,体现出不可思议之感;第六段为舒缓型,语气要体现出耐人寻味之感。

朗诵这篇散文要表达出爱的主题,注意情节的渲染,尤其朗诵第四段时,要一气呵成、节奏紧凑。还要注意一些动词的形象感,比如"嗅了嗅""张开大嘴""露出锋利的牙齿""飞下来""落在""蓬起""尖叫""飞了下来"等。

稿件十三

丑石

贾平凹

我常常遗憾我家门前的那块丑石呢:它黑黝黝地卧在那里,牛似的模样,谁也不知道是什么时候留在这里的,谁也不去理会它。只是麦收时节,门前摊了麦子,奶奶总是要说:这块丑石,多碍地面哟,多时把它搬走吧。于是,伯父家盖房,想以它垒山墙,但苦于它极不规则,没棱角儿,也没平面儿;用錾破开吧,又懒得花那么大气力,因为河滩并不甚远,随便去掮一块回来,哪一块也比它强。房盖起来,压铺台阶,伯父也没有看上它。有一年,来了一个石匠,为我家洗一台石磨,奶奶又说:用这块丑石吧,省得从远处搬动。石匠看了看,摇着头,嫌它石质太细,也不采用。

它不像汉白玉那样的细腻,可以凿下刻字雕花,也不像大青石那样的光滑,可以供来浣纱捶布。它静静地卧在那里,院边的槐荫没有庇覆它,花儿也不再在它身边生长。荒草便繁衍出来,枝蔓上下,慢慢地,竟锈上了绿苔、黑斑。我们这些做孩子的,也讨厌起它来,曾合伙要搬走它,但力气又不足;虽时时咒骂它,嫌弃它,也无可奈何,只好任它留在那里去了。

稍稍能安慰我们的,是在那石上有一个不大不小的坑凹儿,雨天就盛满了水。常常雨过三天了,地上已经干燥,那石凹里水儿还有,鸡儿便去那里渴饮。每每到了十五的夜晚,我们盼着满月出来,就爬到其上,翘望天边;奶奶总是要骂的,害怕我们摔下来。果然那一次就摔了下来,磕破了我的膝盖呢。

人都骂它是丑石，它真是丑得不能再丑的丑石了。

终有一日，村子里来了一个天文学家。他在我家门前路过，突然发现了这块石头，眼光立即就拉直了。他再没有走去，就住了下来；以后又来了好些人，说这是一块陨石，从天上落下来已经有二三百年了，是一件了不起的东西。不久便来了车，小心翼翼地将它运走了。

这使我们都很惊奇！这又怪又丑的石头，原来是天上的呢！它补过天，在天上发过热，闪过光，我们的先祖或许仰望过它，它给了他们光明、向往、憧憬；而它落下来了，在污土里、荒草里，一躺就是几百年了？

奶奶说："真看不出！它那么不一般，却怎么连墙也垒不成，台阶也垒不成呢？"

"它是太丑了。"天文学家说。

"真的，是太丑了。"

"可这正是它的美！"天文学家说，"它是以丑为美的。"

"以丑为美？"

"是的，丑到极处，便是美到极处。正因为它不是一般的顽石，当然不能去做墙，做台阶，不能去雕刻、捶布。它不是做这些玩意儿的，所以常常就遭到一般世俗的讥讽。"

奶奶脸红了，我也脸红了。

我感到自己的可耻，也感到了丑石的伟大；我甚至怨恨它这么多年竟会默默地忍受着这一切，而我又立即深深地感到它那种不屈于误解、寂寞的生存的伟大。

训练提示：《丑石》是一篇引人深思的哲理散文，短小精辟，寓意深刻。通过对一块顽石态度的对比，说明了文章的主题：我们不能仅凭事物的外表去评判它的价值。全文可分为三个部分：第一部分为第一至四段，厌恶丑石；第二部分为第五至十三段，欣赏丑石；第三部分为第十四段，赞颂丑石。

朗诵这篇散文，首先要注意理顺作者思想感情的发展脉络：厌恶丑石——欣赏丑石——赞颂丑石，文章采用欲扬先抑的手法，作者的态度、情感前后有明显的对比变化。其次，要理解文章的文眼"丑到极处，便是美到极处"，借物喻人，包含着极为深刻的人生哲理。最后，要注重讲述感。这篇散文较好地体现了贾平凹的散文风格：率直、平实、坦诚，带有一种乡村的自然风味，而这种写作手法更容易让读者接受，引起共鸣。朗诵时要增加叙述语言的讲述感，增加人物语言的语气变化，在娓娓道来中引人深思。

稿件十四

落花生

许地山

我们家的后园有半亩空地,母亲说:“让它荒着怪可惜的,你们那么爱吃花生,就开辟出来种花生吧。”我们姐弟几个都很高兴,买种,翻地,播种,浇水,施肥,没过几个月,居然收获了。

母亲说:“今晚我们过一个收获节,请你们父亲也来尝尝我们的落花生,好不好?”母亲把花生做成了好几样食品,还吩咐就在后园的茅草亭过这个节。

晚上天色不太好,可是父亲也来了,实在很难得。

父亲说:“你们爱吃花生么?”

我们争着答应:“爱!”

“谁能把花生的好处说出来?”

姐姐说:“花生的味儿美。”

哥哥说:“花生可以榨油。”

我说:“花生的价钱便宜,谁都可以买来吃,都喜欢吃。这就是它的好处。”

父亲说:“花生的好处很多,有一样最可贵:它的果实埋在地里,不像桃子、石榴、苹果那样,把鲜红嫩绿的果实高高地挂在枝头上,使人一见就生爱慕之心。你们看它矮矮地长在地上,等到成熟了,也不能立刻分辨出来它有没有果实,必须挖起来才知道。”

我们都说是,母亲也点点头。

父亲接下去说:“所以你们要像花生一样,它虽然不好看,可是很有用。”

我说:“那么,人要做有用的人,不要做只讲体面,而对别人没有好处的人。”

父亲说:“对。这是我对你们的希望。”

我们谈到深夜才散。花生做的食品都吃完了,父亲的话却深深地印在我的心上。

训练提示:《落花生》是一篇记叙散文,描写了作者小时候通过一次家庭聚会谈论落花生所受到的教育。全文可分为三个部分:第一部分为第一、二段,描写了计划召开家庭聚会庆祝花生的收获;第二部分为第三至十四段,描写了聚会的场景,赞扬落花生的伟大;第三部分为第十五段,抒发讨论落花生之后的感动。

这篇散文的最大特点是通过对话写人记事,朗诵时要注意人物语言与叙述语言的区别与对比以及不同人物角色的语气色彩。文章“以小显大”,是托物言志的典范。

朗诵时要仔细揣摩文眼句，注意重音的强调和语气的准确，表达出深刻的内在含义："所以你们要像花生一样，它虽然不好看，可是很有用。""人要做有用的人，不要做只讲体面，而对别人没有好处的人。"

稿件十五

珍珠鸟

冯骥才

真好！朋友送我一对珍珠鸟。放在一个简易的竹条编成的笼子里，笼内还有一卷干草，那是小鸟儿舒适又温暖的巢。

有人说，这是一种怕人的鸟。

我把它挂在窗前。那儿还有一大盆异常茂盛的法国吊兰。我便用吊兰长长的、串生着小绿叶的垂蔓蒙盖在鸟笼上，它们就像躲进深幽的丛林一样安全；从中传出的笛儿般又细又亮的叫声，也就格外轻松自在了。

阳光从窗外射入，透过这里，吊兰那些无数指甲状的小叶，一半成了黑影，一半被照透，如同碧玉，斑斑驳驳，生意葱茏。小鸟的影子就在这中间隐约闪动，看不完整，有时连笼子也看不出，却见它们可爱的鲜红小嘴儿从绿叶中伸出来。

我很少扒开叶蔓瞧它们，它们便渐渐敢伸出小脑袋瞅瞅我。我们就这样一点点熟悉了。三个月后，那一团越发繁茂的绿蔓里边，发出一种尖细又娇嫩的鸣叫。我猜到，是它们有了雏儿。我呢，决不掀开叶片往里看，连添食加水时也不睁大好奇的眼去惊动它们。过不多久，忽然有一个更小的脑袋从叶间探出来。哟，雏儿！正是这小家伙！

它小，就能轻易地由疏格的笼子钻出身。瞧，多么像它的父母：红嘴红脚，灰蓝色的毛，只是后背还没生出珍珠似的圆圆的白点；它好肥，整个身子好像一个蓬松的球儿。

起先，这小家伙只在笼子四周活动，随后就在屋里飞来飞去，一会儿落在柜顶上，一会儿神气十足地站在书架上，啄着书背上那些大文豪的名字，一会儿把灯绳撞得来回摇动，跟着逃到画框上去了。只要大鸟儿在笼里生气地叫一声，它立即飞回笼里去。

我不管它。这样久了，打开窗子，它最多只在窗框上站一会儿，决不飞出去。

渐渐地它胆子大了，就落在我的书桌上。

它先是离我较远，见我不去伤害它，便一点点挨近，然后蹦到我的杯子上，俯下头来喝茶，再偏过脸瞧瞧我的反应。我只是微微一笑，依旧写东西，它就放开胆子跑到稿纸上，绕着我的笔尖蹦来蹦去；跳动的小红爪子在纸上发出"嚓嚓"响。

我不动声色地写，默默享受着这小家伙亲近的情意。这样，它完全放心了，索性用那涂了蜡似的、角质的小红嘴，“嗒嗒”啄着我颤动的笔尖。我用手抚一抚它细腻的绒毛，它也不怕，反而友好地啄两下我的手指。

白天，它这样淘气地陪伴我；天色入暮，它就在父母再三的呼唤声中，飞向笼子，扭动滚圆的身子，挤开那些绿叶钻进去。

有一天，我伏案写作时，它居然落到我的肩上。我手中的笔不觉停了，生怕惊跑它。呆一会儿，扭头看，这小家伙竟趴在我的肩头睡着了，银灰色的眼睑盖住眸子，小红脚刚好给胸脯上长长的绒毛盖住。我轻轻抬一抬肩，它没醒，睡得好熟！还咂咂嘴，难道在做梦？

我笔尖一动，流泻下一时的感受：

信赖，往往创造出美好的境界。

训练提示：《珍珠鸟》是一篇叙事抒情的散文，作者以轻松活泼的笔调，塑造了珍珠鸟可爱活泼的形象，抒发了作者的喜爱、赞美之情。全文可分为三个部分：第一部分为第一至六段，描写作者为珍珠鸟布置了一个舒适而又温暖的巢；第二部分为第七至十三段，描写珍珠鸟与“我”由疏远到亲近的变化过程：胆小——渐渐胆大——开始亲近我——完全相信我。第三部分为第十四、十五段，点明文章主旨：信赖往往创造出美好的境界。

这篇文章文笔细腻、情感浓烈，特别在表现珍珠鸟的动作形态时，运用拟人化的手法，在朗诵“挨近”“蹦”“俯下”“喝”“偏”“瞧瞧”“跑到”“绕”“蹦来蹦去”等动词时，要活灵活现、生动有趣、爱意浓浓。

思考与练习：

1.请简述怎样朗诵古代散文。

2.请简述怎样朗诵现代散文。

3.现代散文有哪些特点？

4.具体分析数篇古代散文和现代散文稿件。

第四章　寓言童话朗诵

教学目标：明确寓言童话朗诵的共性规律，掌握寓言童话朗诵的表达技巧，提升学生的语言造型能力和音色变化能力。

本章重点：寓言童话朗诵的概念、种类及特点。

本章难点：寓言童话朗诵的技巧。

课时安排：14 课时。

第一节　理论概述

一、寓言童话的概念

寓言，是用假托的故事或自然物的拟人手法来说明某个道理或教训的文学作品。寓言的主题都是借此喻彼、借古喻今、借远喻近、借小喻大，寓深刻的道理于简单的故事之中。[①]

童话，是儿童文学的一种体裁。它通过丰富的想象、幻想和夸张来塑造形象、反映生活，对儿童进行思想教育。故事情节往往神奇曲折、生动浅显，对自然物常做拟人化的描写，能适应儿童的接受能力。[②]

二、寓言童话的种类

寓言可分为正面劝喻和反面讽喻两种。

---

① 罗莉.文艺作品演播[M].北京：中国传媒大学出版社，2003：66.

② 罗莉.文艺作品演播[M].北京：中国传媒大学出版社，2003：66.

童话可分为“短篇”与“中篇、长篇”两种。①

三、寓言童话的特点

由于寓言、童话都是在讲故事,故事大都是虚构的、想象的,而且都有一定的教育意义,所以人们习惯将两者归为一类。它们的共同特点:一是篇幅一般比较短小、文字简单、语言生动。二是运用拟人、夸张、比喻、影射和象征等手法表现主题。②

四、寓言童话的朗诵

寓言童话有深刻的寓意、生动的形象、丰富的修辞、夸张的表现,因此决定了其朗诵的独特性和复杂性。寓言童话的朗诵比其他文学体裁更具有色彩性和夸张性,我们应学会运用一定的技巧与手法,既要避免哗众取宠,又要避免平淡乏味。

1.保持童心,调整状态

寓言童话想象丰富,幻想奇特,以物拟人,妙趣横生,有很强的形象性、趣味性和启发性,因此特别受到儿童的青睐。朗诵寓言童话之前,首先注意心态、状态的调动与调节。第一,朗诵者应从孩子的角度出发,用与孩子交流的口吻来讲述,体现出童真、童趣。这样有利于朗诵者从内心出发调动出夸张的语气、语调,由内而外、有感而发。第二,“变声音前先变状态”,朗诵者要适当地给自己降降年龄,将自己的朗诵状态调整为:机体打开,身心洋溢,心情为年轻的、天真的、积极的、饱满的、可爱的、热情的、有趣的、生动的,将声音形象塑造得更加贴切。

2.理解稿件,确定寓意

(1)理解稿件是基础

寓言童话通过丰富的想象来塑造形象、推动情节、反映生活。因此朗诵时首先要看懂故事、概括主题。寓言童话绝不仅仅只是单纯地讲故事,它是对社会现象的高度提炼,往往以小见大,对儿童进行思想教育。所以对于寓言童话的理解,不能仅停留在看懂有趣的故事情节上,必须对寓言童话进行分析和思考,跳出故事本身,理清作者的思路。

(2)确定寓意是关键

寓意是寓言童话的灵魂所在,简单地说,就是故事中蕴含的内在思想。寓言童话

---

① 罗莉.文艺作品演播[M].北京:中国传媒大学出版社,2003:66.

② 罗莉.文艺作品演播[M].北京:中国传媒大学出版社,2003:66.

的寓意多在文章中有所体现，以议论的语句或讲道理的形式出现。有时在开头启示，有时在中间或结尾点指，言简意赅。

对于有寓意色彩的议论或道理的朗诵：首先，应注意与讲故事之间的区别，表达时要体现出一定的议论和启示色彩，声重音实、气稳从容，语气突出强调。处在开头的议论启示性强，处在结尾的议论总结性强。当然，这只是与讲故事的语言区别而言，要注意度的把握，不可突兀。其次，不能处理成说教式语言，讲道理也要感染人、说服人、启迪人，达到与听众心灵的沟通。最后，还要注意说道理与讲故事二者之间的转换，整体构思，过渡自然。

对于无明显寓意的文章的朗诵：寓意多在情节或形象中透露出来，需要朗诵者自己挖掘、总结、领会，用适当的语气、语调体现出文章的内在含义和深刻寓意。有的是反映对现实生活的看法，有的是对某一阶层或某一类人进行讽刺，有的是对某种社会现象加以批评，有的是赞扬，有的是批评，有的是说教，有的是教训，有的是劝诫……朗诵者要仔细揣摩，将情感表达置于文章之中。

3.揣摩形象，设计角色

寓言童话中有各种各样的形象，故事主要围绕具体形象的行为、动作来发展推进，因此，对形象的设计非常重要。这些形象包罗万象、覆盖面广。朗诵时，要善于用拟人化的手法，将作品中的形象人格化、性格化。也就是说，要仔细揣摩形象的特点，赋予它们人类的性格特征、思想感情，使它们具备某一类人的特点，以及这一类人所表现出来的行动能力和语言能力。

第一，对形象的理解要准确。要抓住形象最本质、最鲜明、最核心的特点，可以是外形特点、性格特点，也可以是声音特点、职业特点。比如老虎的残暴、兔子的可爱、狐狸的狡猾等，这是性格特点；高山的雄伟、大树的高大、小草的纤细等，这是外形特点；小羊的颤抖音、青蛙的扁脆音、小猪的含混音等，这是声音特点。

第二，对形象的设计要灵活。相同的形象在不同的寓言童话中会有不同的特点，不能仅凭人们对于某一形象的主观判断来设计，要根据文章中对形象的刻画和描写来设计造型。比如，在人们的主观判断中，猫是憨厚的，老鼠是狡猾的，但在《猫和老鼠做朋友》这篇寓言童话中恰恰相反，猫是狡猾的，而老鼠是憨厚的。此外，还要注意梳理清楚各个形象之间的关系，保持一篇文章中各个形象造型的稳定性与统一性。

4.夸张、渲染，声音造型

寓言童话是运用夸张、渲染的手法创作的，朗诵时同样要运用夸张、渲染的艺术方式来表现。与其他文体朗诵不同的是，寓言童话的朗诵极富有表现力，需要大胆地采用相关技巧给声音造型，以增强作品的艺术情趣与艺术魅力。给声音造型就是用声调、气息、咬字等各种语言技巧对声音进行塑造。比如塑造小女孩和老奶奶两种不同的声音形象：表现小女孩的声音时，可以使声调中音偏高，音色亮而甜美，语调娇柔，在正常语速中时而夹杂急促的变化；表现老奶奶的声音时，可以使声调中音偏低，节奏略显缓慢，语调柔和、自信，少了一分娇柔，多了一分沧桑。

音色有明暗、刚柔、厚薄和虚实之分，不同的声音造型要运用不同的音色来表现，而每一种音色又有其独特的表现特征，这就需要朗诵者借鉴一定的表演技巧，在咬字方式、共鸣位置以及气息调节等方面灵活控制。例如要塑造"兔子"和"狮子"两种不同的声音，就要善于在音色上进行适当的演绎和发挥。

（1）咬字方式

"兔子"温柔可爱、娇小玲珑、讨人喜爱，音色偏明朗、柔和、单薄，因此可以使用咬字位置偏前、咬字力度较弱、口腔咬字稍松、口腔开度略扁的咬字方式；"狮子"脾气暴躁、高大威猛、令人恐惧，音色可偏暗淡、刚强、厚实，因此可以使用咬字位置偏后、咬字力度较强、口腔咬字稍紧、口腔开度略大的咬字方式。

（2）共鸣位置

调节共鸣位置也是改变音色的有效方法之一。人类发声的共鸣器官，在喉以上有喉腔、咽腔、口腔、鼻腔和头腔；在喉以下有胸腔。除鼻腔外，其他共鸣器官都是可以调节的。要想塑造出"兔子"的声音形象，可以使咽壁挺立，扩大咽腔面积，此外还可以通过抬软腭的方式使大部分声波经过口腔传出体外，小部分声波沿鼻咽后壁传至鼻腔产生鼻腔共鸣，增加高频谐音，从而增强咽腔、头腔共鸣；要想塑造出"狮子"的声音形象，可以使用减少头腔共鸣、增大胸腔共鸣的方法。

（3）气息调节

气息与声音联系相当密切，气息状态的变化可以带动声音效果的变化。一个基本功扎实的主持人应当具备灵活变化气息状态的能力。

我们知道，常见的呼吸方式有三种：胸式呼吸、腹式呼吸和胸腹联合式呼吸。在播音中讲求胸腹联合式呼吸，因为它结合了胸式呼吸和腹式呼吸两者的特点，可以扩大吸气量，使声音稳劲、持久。但为了追求不同的声音效果，主持人也要会运用胸式呼吸和腹式呼吸，在气息深浅调控、送气量控制和送气速度控制等方面进行调节。

当人为呼吸次数减少时，吸入气息较浅、送气量较少、送气速度较慢、声音音量较低，更多地表现为腹式呼吸，可以塑造出"兔子"的声音形象；当人为呼吸次数增多时，吸入气息较深、送气量较多、送气速度较快、声音音量较高，更多地表现为胸式呼吸，可以塑造出"狮子"的声音形象。

此外，还要注意"度"的把控，防止在声音造型中过度使用夸张、渲染的手法，使朗诵变成了滑稽表演。朗诵更多地追求“神似”而非“形似”，对于声音的形象塑造并非真的要变得跟角色的嗓音完全一样，不能因为一味地夸张、渲染而影响了表达效果。因此，声音造型的夸张、渲染要由内而外，内心要有充分的情感依据和高度的真实感，才能外显于声。

（4）注重讲述，对比变化

寓言童话并非一种容易朗诵的文体，因为其对比变化较多，既有叙述，又有描绘；既有叙述语言，又有人物语言。朗诵者既要讲故事，又要说道理。这需要朗诵者集中精力，加强对比：首先，要加强叙述者的讲述感；其次，要加强各个形象之间的对比；最后，要加强叙述者和形象之间的声音对比，这样才能清晰、生动地表现情节。

第二节　示例分析

示例一

寒号鸟

山脚下有一堵石崖，崖上有一道缝，寒号鸟就把这道缝当作自己的窝。石崖前面有一条河，河边有一棵大杨树，杨树上住着喜鹊。寒号鸟和喜鹊面对面住着，成了邻居。

几阵秋风，树叶落尽，冬天快要到了。

有一天，天气晴朗。喜鹊一早飞出去，东寻西找，衔回来一些枯枝，就忙着垒巢，准备过冬。寒号鸟却整天飞出去玩，累了回来睡觉。喜鹊说：“寒号鸟，别睡觉了，天气这么好，赶快垒窝吧。”寒号鸟不听劝告，躺在崖缝里对喜鹊说：“傻喜鹊，不要吵，太阳暖和，正好睡觉。”

冬天说到就到了，寒风呼呼地刮着。喜鹊住在温暖的窝里。寒号鸟在崖缝里冻得直打哆嗦，悲哀地叫着：“哆啰啰，哆啰啰，寒风冻死我，明天就垒窝。”

第二天清早，风停了，太阳暖烘烘的。喜鹊又对寒号鸟说：“趁着天气好，赶快垒窝吧。”寒号鸟不听劝告，伸伸懒腰，又睡觉了。

寒冬腊月，大雪纷飞，漫山遍野一片白色。北风像狮子一样狂吼，河里的水结了冰，崖缝里冷得像冰窖。就在这严寒的夜里，喜鹊在温暖的窝里熟睡，寒号鸟却发出最后的哀号：“哆啰啰，哆啰啰，寒风冷死我，明天就垒窝。”

天亮了，阳光普照大地。喜鹊在枝头呼唤邻居寒号鸟，可怜的寒号鸟却在半夜里冻死了。

示例分析：第一，品析作品，把握寓意。寓言故事结构单一、情节新奇，通常以动物或植物作为形象化主体，借用拟人、夸张、讽刺等表现手法将深刻的道理寄托在故事中。《寒号鸟》这篇寓言故事运用了拟人的手法，通过寒号鸟与喜鹊的对话，充分展现出两个角色截然不同的性格特点。

第二，分析特点，明确类型。首先分析寓言形象的特点，然后针对形象的特点运用朗诵技巧生动再现情节。寒号鸟好吃懒做，不听劝告，只顾享受当下，所有事情都想拖到明天再做；而喜鹊勤劳能干，还友善地提醒、劝告朋友。朗诵时，一定要把握寒号鸟和喜鹊截然不同的性格特点，抓住形象本质，做到形神兼备。

第三，夸张对比，凸显个性。朗读基调的深沉与轻快，音色的醇厚与浮薄，音量的高响与低沉，速度的急快与缓慢，语气的欢愉与悲痛，音节的重读与轻读等技巧，都要依据稿件内容，酌情处理。本寓言中"天气晴朗""太阳暖烘烘""阳光普照大地"等句子都是为后面描写寒号鸟懒惰不勤奋做铺垫，朗诵时声音上扬，语调轻快。而"冬天说到就到了，寒风呼呼地刮着""寒冬腊月，大雪纷飞，漫山遍野一片白色。北风像狮子一样狂吼，河里的水结了冰，崖缝里冷得像冰窖。"这些句子描写了冬天寒冷的景象，为寒号鸟慢慢冻死在崖缝中烘托气氛。朗诵时节奏稍缓，重音突出描写寒冷的词语，语气悲痛，营造失望、无奈的氛围。本故事虽短，但环境描述对比鲜明，因此朗诵时应当运用不同的技巧来烘托不同的故事环境。

第四，合理想象，灵活造型。通过合理的想象用形体表达寓意，努力把形象体态的丰富性用有声语言灵活地展现出来。

天气晴朗的日子，喜鹊多次好心劝说寒号鸟垒巢过冬。朗诵喜鹊的话语时，要用苦口婆心劝说的语气；可是寒号鸟好逸恶劳、不思进取，只顾着享受当下，面对喜鹊的劝说，仍不以为然，反而对喜鹊说"傻喜鹊，不要吵，太阳暖和，正好睡觉"。朗诵时要注意表现寒号鸟我行我素、一意孤行的性格特点。而朗诵寒号鸟无处藏身的哀号"哆啰啰，哆啰啰，寒风冻死我，明天就垒窝"时，可以适当加入颤音，以表现寒号鸟寒冷、无奈的状态。

朗诵寓言时，应以突出个性为原则，将作品中凡是能突出角色和事件特色的地方，以各种手段、从各种角度加以渲染，发挥夸张的艺术作用，达到活灵活现、栩栩如生的艺术效果。

示例二

狼和小羊

狼来到小溪边，看见小羊正在那儿喝水。狼非常想吃小羊，就故意找碴儿，说：

“你把我喝的水弄脏了,你安的什么心?”

小羊吃了一惊,温和地说:“我怎么会把您喝的水弄脏呢?您站在上游,水是从您那儿流到我这儿,不是从我这儿流到您那儿去的。”

狼气冲冲地说:“就算这样吧,你总是个坏家伙!我听说,去年你在背地里说我的坏话!”可怜的小羊喊道:“啊?亲爱的狼先生,那是不会有的事,去年我还没出生呢!”

狼不想再争辩了,龇着牙咆哮着逼近小羊,大声嚷道:“你这个小坏蛋,说我坏话的不是你就是你爸爸,反正都一样!”说着,就扑到小羊身上,抓住它,把它吃掉了。

人们存心要干凶恶残酷的坏事情,是很容易找到借口的。

示例分析:第一,设计角色。这篇寓言讲述了狼吃小羊的故事。狼和小羊是故事的两个关键角色,故事旁白是一个隐藏的角色。因此在朗诵时,首先要明确故事的声音角色,运用声音技巧将故事旁白、狼和小羊区分开。

第二,声音技巧。故事开篇以讲述的形式交代了背景,此时旁白的表达要平和,声音要带有故事性,可以突出“非常”“故意”等词语。狼找借口说的第一句话是带有挑衅语气的,表达时要注意音色低沉粗厚,咬字位置靠后,加强胸腔共鸣,节奏略快,突出狼凶恶的性格特点,并加强反问语气。

寓言中间段落是故事的高潮部分,狼和小羊的对话紧凑、连贯,鲜明地突出了狼和小羊不同的性格特点。小羊弱小娇柔、害怕恐慌,表现小羊的声音形象时,音量较低,咬字位置偏前,口腔开度略扁,节奏平稳缓慢。

狼为了吃掉小羊,千方百计地找借口,最后以“莫须有”的罪名吃掉了小羊。故事结尾给人们一个启示:恶人是不讲道理的,千万不要像善良的小羊那样去跟狼讲道理。在朗诵中要注意区分寓言与故事的不同,最后一段的“存心”和“容易”可以用重音来强调,突出寓言的内涵:当人们存心做坏事时,还怕找不到借口吗?

示例三

扁鹊说病

春秋时期有一位名医,人们都叫他扁鹊。他医术高明,经常出入宫廷为君王治病。有一天,扁鹊巡诊去见蔡桓公。礼毕,他侍立于桓公身旁细心观察其面容,然后说道:“我发现君王的皮肤有病。您应及时治疗,以防病情加重。”桓公不以为然地说:“我一点病也没有,用不着什么治疗。”扁鹊走后,桓公不高兴地说:“医生总爱在没有病的人身上显能,以便把别人健康的身体说成是被医治好的。我不信这一套。”

10 天以后,扁鹊第二次去见桓公。他察看了桓公的脸色之后说:“您的病到肌肉里面去了。如果不治疗,病情还会加重。”桓公不信这话。扁鹊走了以后,他对“病情正在加重”的说法深感不快。

又过了10天,扁鹊第三次去见桓公。他看了看桓公,说道:“您的病已经发展到肠胃里面去了。如果不赶紧医治,病情将会恶化。”桓公仍不相信。他对“病情变坏”的说法更加反感。

照旧又隔了10天,扁鹊第四次去见桓公。两人刚一见面,扁鹊扭头就走。这一下倒把桓公搞糊涂了。他心想:“怎么这次扁鹊不说我有病呢?”桓公派人去找扁鹊问原因。扁鹊说:“一开始桓公皮肤患病,用汤药清洗、火热灸敷就能治愈;稍后他的病到了肌肉里面,用针刺术可以攻克;后来桓公的病患至肠胃,服草药汤剂还有疗效。可是目前他的病已深入骨髓,人间医术就无能为力了。得这种病的人能否保住性命,生杀大权在阎王爷手中。我若再说自己精通医道,手到病除,必将遭来祸害。”

5天过后,桓公浑身疼痛难忍。他感到情况不妙,主动要求找扁鹊来治病。派去找扁鹊的人回来说:“扁鹊已逃往秦国去了。”桓公这时后悔莫及,挣扎着在痛苦中死去。

这个故事告诉人们,对于自身的疾病以及社会上的一切坏事,都不能讳疾忌医,而应防微杜渐,正视问题,及早采取措施,予以妥善解决。否则,等到病入膏肓,酿成大祸之后,将会无药可救。

示例分析:《扁鹊说病》这篇故事可以分为三部分:

第一部分:1—3自然段,写扁鹊和蔡桓公的前三次见面,这是故事的发生阶段。一见桓公,“他侍立于桓公身旁细心观察其面容”,写扁鹊细心观察桓公。“我发现君王的皮肤有病”,写扁鹊准确诊断桓公病情。“您应及时治疗,以防病情加重”,是和缓的规劝语气。一句“我一点病也没有,用不着什么治疗”,桓公讳疾忌医,固执、偏执的形象跃然纸上。二见桓公,扁鹊用“您的病到肌肉里面去了”指出桓公病情加重,“如果不治疗,病情还会加重”,语气肯定,规劝中含着警告。桓公不听医生的话,并对“病情正在加重”的说法深感不快,冷冰冰地拒医生于千里之外。三见桓公,扁鹊用“您的病已经发展到肠胃里面去了”,指出桓公的病情更加严重了。“如果不赶紧医治,病情将会恶化”,加强了肯定的语气,在善意的规劝中进一步给予警告。桓公仍不相信,他对“病情变坏”的说法更加反感。

文章一开始就展示了矛盾:扁鹊三见桓公,三次建议;桓公不予理睬,还错怪扁鹊,矛盾逐渐加深。

第二部分:4、5自然段。第4自然段描写两个人的第四次见面并说明扁鹊扭头就走的原因,这是故事的发展阶段。第四次见桓公,扁鹊扭头就走,这一动作间接体现了桓公病情的严重程度。桓公差人问扁鹊并非觉醒,只是对其转身就走的不解。扁鹊指出桓公病情由轻到重以至不可救药的发展过程。第5自然段交代事情的结果——桓公病死,这是故事的结局。“5天过后,桓公浑身疼痛难忍。”可见病情发展之快、之重。临死前才想起找扁鹊治病,已无济于事了。“扁鹊已逃往秦国去了”,既表现出扁鹊对桓公病情诊断的准确,又体现他的机警。

第三部分:第6自然段。桓公因讳疾忌医致死的故事具有明显的劝喻色彩,它告诉人们:要正视自己的缺点错误,不能拒绝批评帮助。

文中刻画人物是为了增强说理的生动性,扁鹊的善意规劝与桓公的讳疾忌医形成了鲜明的对比。显然,运用对比所阐释的道理更易被人们理解和接受。

朗诵时语速不能太快,要把故事的来龙去脉说清楚,每段时间与故事情节要表述明确,只有层次分明,才能突出情节的发展脉络。

示例四

卖火柴的小女孩

天冷极了,下着雪,又快黑了。这是一年的最后一天——大年夜。在这又冷又黑的晚上,一个光着头、赤着脚的小女孩在街上走着。她从家里出来的时候还穿着一双拖鞋,但是有什么用呢?那是一双很大的拖鞋——那么大,一向是她妈妈穿的。她穿过马路的时候,两辆马车飞快地冲过来,吓得她把鞋都跑掉了。一只怎么也找不着,另一只叫一个男孩捡起来拿着跑了。他说,将来他有了孩子可以拿它当摇篮。

小女孩只好赤着脚走,一双小脚冻得红一块青一块的。她的旧围裙里兜着许多火柴,手里还拿着一把。这一整天,谁也没买过她一根火柴,谁也没给过她一分钱。

可怜的小女孩!她又冷又饿,哆哆嗦嗦地向前走。雪花落在她金黄的长头发上,那头发打成卷儿披在肩上,看上去很美丽,不过她没注意这些。每个窗子里都透出灯光来,街上飘着一股烤鹅的香味,因为这是大年夜——她可忘不了这个。

她在一座房子的墙角里坐下来,蜷着腿缩成一团。她觉得更冷了。她不敢回家,因为她没卖掉一根火柴,没挣到一分钱,爸爸一定会打她的。再说,家里跟街上一样冷。他们头上只有个房顶,虽然最大的裂缝已经用草和破布堵住了,但风还是可以灌进来。

她的一双小手几乎冻僵了。啊,哪怕一根小小的火柴,对她也是有好处的。她敢从成把的火柴里抽出一根,在墙上擦燃,来暖和暖和自己的小手吗?她终于抽出了一根。嚓!火柴燃起来了,冒出火焰来了!她把小手拢在火焰上。多么温暖、多么明亮的火焰啊,简直像一支小小的蜡烛。这是一道奇异的火光,小女孩觉得自己好像坐在一个大火炉前面,火炉装着闪亮的铜脚和铜把手,烧得旺旺的、暖烘烘的,多么舒服啊!哎,这是怎么回事呢?她刚把脚伸出去,想让脚也暖和一下,火柴灭了,火炉不见了。她坐在那儿,手里只有一根烧过了的火柴梗。

她又擦着了一根。火柴燃起来了,发出亮光来了。亮光落在墙上,那儿忽然变得像薄纱那么透明,她可以一直看到屋里。桌上铺着雪白的台布,摆着精致的盘子和碗,肚子里填满了苹果和梅子的烤鹅正冒着香气。更妙的是这只鹅从盘子里跳下来,背上插着刀和叉,摇摇摆摆地在地板上走着,一直向这个穷苦的小女孩走来。这时候,火柴又灭了,她面前只有一堵又厚又冷的墙。

她又擦着了一根火柴。这一回,她坐在美丽的圣诞树下。这棵圣诞树比她去年圣诞节透过富商家的玻璃门看到的还要大、还要美。翠绿的树枝上点着几十支明晃晃的蜡烛,许多幅美丽的彩色画片,跟挂在商店橱窗里的一个样,在向她眨眼睛。小女孩向画片伸出手去。这时候,火柴又灭了。只见圣诞树上的烛光越升越高,最后成了在天空中闪烁的星星。有一颗星星落下来了,在天空中划出了一道细长的红光。

"有一个什么人快要死了。"小女孩说。唯一疼她的奶奶活着的时候告诉过她:一颗星星落下来,就有一个灵魂要到上帝那儿去了。

她在墙上又擦着了一根火柴。这一回,火柴把周围全照亮了。奶奶出现在亮光里,是那么温和、那么慈爱。

"奶奶!"小女孩叫起来,"啊,请把我带走吧!我知道,火柴一灭,您就会不见的,像那暖和的火炉、喷香的烤鹅、美丽的圣诞树一个样,就会不见的。"

她赶紧擦着了一大把火柴,要把奶奶留住。一大把火柴发出强烈的光,照得跟白天一样明亮。奶奶从来没有像现在这样高大、这样美丽。奶奶把小女孩抱起来,搂在怀里。她们在光明和快乐中飞走了,越飞越高,飞到那没有寒冷,没有饥饿,也没有痛苦的地方去了。

第二天清晨,这个小女孩坐在墙角里,两腮通红,嘴上带着微笑。她死了,在旧年的大年夜冻死了。新年的太阳升起来了,照在她小小的尸体上。小女孩坐在那儿,手里还捏着一把烧过了的火柴梗。

"她想给自己暖和一下……"人们说。谁也不知道她曾经看到过多么美丽的东西,她曾经多么幸福,跟着她奶奶一起向幸福的新年走去。

示例分析:朗读这篇童话的基调应该是低沉而富有启发性的。低沉是为了烘托悲惨的气氛,启发性是为了引起人们深思造成小女孩悲惨命运的社会原因。朗读的节奏应该低沉缓慢。当然,在具体朗读时还要根据故事情节的发展适当变换语调和语气。

第一部分(1—4 自然段):描写小女孩所处的寒冷、凄凉的环境。朗读时,内心要充满对小女孩深深的同情。对环境要着重表现出“冷”“雪”“黑”的特点,对小女孩要着重表现出“冷”“饿”的状态。

第 1 自然段,朗读时气沉声缓,多用降调。第一句“天”后作短暂停顿,用重读的方式先突出全句的重音“冷”,然后“雪”轻扬,句末“黑”用虚声,同时拖长音节,句调下降,渲染“冷”的气氛。第二句强调“最后”二字,因为这一天既是一年的“最后”一天(大年夜),同时也是小女孩在这个世界的“最后”一天。破折号停顿的时间稍长,缓缓读出“大年夜”。第三句重读“冷”“黑”,这是对环境的描写;重读“光”“赤”,这是对小女孩的描写,接着写小女孩穿着拖鞋。试想,在这漆黑、寒冷的大年夜,小女孩光着头、赤着脚,穿着很大的、妈妈穿的拖鞋,是多么可怜。朗读时,“但是”后稍作停顿,“很大”“那么”重读。后面写小女孩穿过马路,两辆马车冲过来。因为马车是“冲”过来的,所以朗读这句话时速度要快、节奏要强。朗读男孩嘲弄小女孩的话时,要想到当时小女孩所处的环境和遭遇,语气应该是严肃而沉重的。

第 2 自然段,第一句用降调,“只好”轻读,表现小女孩的无奈、可怜;“红”“青”要读得稍慢,力度不要过强,否则就会使哀怜、同情的语气变为喜欢、赞扬的语气;两个“一块”要轻读。第二句重读“许多”“一把”,表现火柴之多。第三句中的“一整天”“一根火柴”“一分钱”是对小女孩卖火柴时间长,但却毫无收获的困苦现实表示同情、怜悯的重点词,要重读;两个“谁”拖长音节,要读得意味深长。

第 3 自然段,第一句用降调,句尾用弱拖音。第二句“又冷又饿”中间用拖音停顿,“冷”“饿”重读,“哆哆嗦嗦”要弱读。第三句是对小女孩美丽外表的描写,语速稍慢,“很美丽”语调稍高,“不过她没注意这些”语调稍压低。第四句所描写的窗子里透出温暖的灯光、街上飘着烤鹅的香味,这种温馨、幸福离小女孩是这样近,但又那样远,朗读时,心中要想到小女孩此时的处境,节奏缓慢,语调较沉重。“她”后稍作停顿,“这个”重读。

第 4 自然段,此时小女孩虽然感到“更冷了”,却又不能、不敢回家,因为她没有卖掉“一根火柴”,没有挣到“一分钱”,爸爸“一定会打她的”,这些词句要重读。后面,对小女孩家里的描写要强调“一样”“只有”“还是”“灌”等词语。

第二部分(5—11 自然段):写小女孩的幻想和幻想的破灭。

第 5—7 自然段分别写了小女孩的三次幻想和幻想的破灭。朗读幻想的文字,声音上扬、有力,语气、语调多变,语速加快,以表现小女孩对美好生活的向往之情。但要注意声音不要过亮、过高、过响,要符合全篇的感情基调,因为这一切毕竟是小女孩的幻想,不是真实的。朗读幻想破灭后的现实描写时,要注意与幻想的对比,迅速调整感情态度,可多用虚声、气声,速度缓慢,语气深沉压抑,充满失望和怅惘。

第8—11自然段写小女孩在幻想中与疼爱她的奶奶在一起。“有一个什么人快要死了”要读出自言自语的感觉，同时这句话又预示着小女孩悲惨的命运，语调要低。朗读奶奶曾经对她说的那句话时，可适当模仿老年人的语气，慈爱、温和，速度缓慢，要读得含蓄、深沉。朗读第9自然段时突出强调“全”“奶奶”“温和”“慈爱”等词语。

第10自然段是小女孩发自内心的、悲哀的、最后的呼喊，在现实中备受冷漠、歧视的小女孩是多么渴望得到亲人的温暖和关怀啊！小女孩又是多么害怕最疼爱她的奶奶也像此前的幻想一样很快就消失了。朗读时，速度渐快，停顿缩短，声音响亮上扬，语气中充满乞求，可略带颤音甚至哭腔。

第11自然段，“赶紧”“一大把”“强烈”“白天”“高大”“美丽”“抱”“搂”重读。最后一句，表面看基调似乎应是幸福的、快乐的，而实际上是令人感到异常痛苦、悲惨的。朗读时，可用柔和的嗓音、内紧外松的节奏，越读越慢，越读越轻，读至“去了”的“了”时，已经几乎没有声音，好像小女孩真的和奶奶一起越飞越远了。这句之后，可作一个较长的停顿，给受众体会、思索的时间和空间。

第三部分（12—13自然段）：写小女孩的悲惨结局。

第12自然段，第一句是对小女孩的描写，朗读时语调要低，声音不要大，语速缓慢，适当停顿。第二句可这样处理停顿：“她/死了，//在旧年的大年夜/冻死了。”朗读这一句，语气凝重，语调低沉，但又要饱含悲愤交加的感情。之所以要增加停顿，是因为不忍说出这样美丽可爱的小女孩竟然在大年夜冻死街头这样一个残酷的事实。

最后一个自然段，“多么美丽”“多么幸福”“新年的幸福”用缓慢的速度予以重读，以引起受众的深思。

示例五

盲人摸象

大街上，有四个盲人在谈话，其中一位盲人说：“听说，大象很大，还会表演搬东西呢！”另一位盲人说：“我们要是能够知道大象是什么样子的，那该多好！”

这时，有一个人骑着一头大象走了过来，骑象人听了盲人的谈话，走上前去说：“你们想知道大象是什么样子的，那好，你们都过来摸一摸吧！”

盲人听了十分高兴，一起走上前来摸象。一个盲人摸到了象的牙齿：“我知道了，大象啊，原来像一条又弯又硬的短棒子。”另一个盲人摸到了象的耳朵：“大象就像一把又圆又大的蒲扇。”第三个盲人摸到了大象的腿：“不像短棒子，也不像大蒲扇，倒像是一根又粗又直的柱子。”第四个盲人摸到了大象的尾巴：“你们说的呀都不对，这大象，不过像一根绳子罢了。”

四位盲人心满意足地一起说:“这回可知道大象是什么样子了。”可是,他们哪里知道,他们当中一个也没有真正知道大象是什么样子。

对人或者对事,只知道他们的一部分就下结论,往往是不全面的,甚至是错误的。

示例分析:

这则寓言用一个有趣的故事说明要辩证地看待事物的哲学道理。故事里有丰富的人物对话和行动,因此朗诵起来有一些难度,要运用一定的技巧表现不同盲人说话时的声音变化和语气节奏。想将这么多的人物、这么多的语言和动作区别开来,并使故事情节生动形象,需要仔细地分析和设计。

比如,仔细分析并设计人物:每个盲人是什么样的?每个盲人的语气和节奏可能是怎样的?这些人的行为动作、面部表情又是什么样的?只有这样,我们才能把这则寓言故事朗诵得生动形象。

示例六

愚蠢的狮子和聪明的鹿

曾经有一头饥饿而又很坏的狮子统治了一片森林。它恐吓森林里的动物,命令它们每天给它带食物。作为回报,狮子承诺不会杀死任何动物,并将保证所有动物的安全。弱小而又无助的森林动物没有选择,只能同意。

有一天,年轻的鹿到狮子家去送食物。这只年轻的鹿带了一块巨大的肉,让狮子吃了一顿大餐。但坏狮子还不满足,它渴望得到更多。坏狮子想品尝鹿肉,想吃掉年轻的鹿。聪明的鹿想到了一个办法。它对狮子说:“在来您家之前,我遇到了一头强大的狮子,它离这里很远,但是它声称自己是国王。这只狮子说它想和您见面,我的主人!”

坏狮子愤怒地说:“好大的胆子!那只骗人的狮子在哪?你带我去看看。”年轻的鹿带着坏狮子到河边,指着狮子的倒影说:“就是它,我的主人。”愤怒的狮子立即跳到河中,攻击它的倒影。坏狮子不知道水很深,淹死在了河里。年轻的鹿就这样在森林中结束了坏狮子的统治。

示例分析:

寓言故事的特点就在于构思巧妙、层次感强。层次感是通过句子停顿和语气转换体现出来的。朗诵时要划分好层次,考虑怎样朗诵才能把层次之间的逻辑关系表现出来。

这则寓言故事描写了聪明的鹿如何巧妙地摆脱坏狮子的统治的故事。第一段交代了故事背景;第二段描写鹿利用智慧,巧妙地激怒狮子,骗狮子步入圈套;第三段描写贪婪自大的坏狮子轻易相信他人的话,最终淹死在河里。故事层层递进,朗诵时要加强故事的叙述性,突出狮子愤怒的语气。

第三节 训练稿件

稿件一

猴子捞月亮

在一座山上,住着一群猴子。一天晚上,月亮又圆又亮。猴子们都下山来玩。它们蹦蹦跳跳,东瞧瞧,西看看,玩得很快乐。一只小猴子看见一口水井,它趴在井沿上朝井里一看,咦,井里怎么有一个又圆又亮的月亮?小猴子吓得撒腿就跑,大声叫喊:“不好了!不好了!月亮掉在井里了!”

大猴子听见了,连忙跑过来,朝井里一看,井里真的有一个又圆又亮的月亮。大猴子也吓得大声叫起来:“不得了!不得了!月亮掉在井里了!”

老猴子听见了,也连忙跑过来,朝井里一看,月亮果然在井里。老猴子就把猴子都喊来,对它们说:“不得了!不得了!月亮掉在井里了!我们赶快把月亮捞上来吧!”

小猴子说:“我们爬到大树上去,一个接一个倒挂下来,一直挂到井里,就可以把月亮捞上来了。”

大家说这个主意不错,于是都爬到大树上。老猴子用两只脚紧紧钩住树枝,倒挂下来。大猴子从老猴子身上爬下去,用两只脚钩住老猴子的手。就这样,一个接一个,一直倒挂到井里。最后一个是小猴子,只听见它在井里喊:“行了,行了,够得着了。”

小猴子把手伸到水里去捞月亮,井水给它一搅,月亮碎成一片一片,在水里漂荡。小猴子吓得喊了起来:“哎哟,不好了!月亮被我抓破了!”

老猴子听了,生气地说:“唉,这么点小事都干不好!月亮抓破了,可怎么办呢?”

大家都埋怨起小猴子来。

一会儿,井水慢慢平静了,又出现了又圆又亮的月亮。小猴子高兴地喊:“好了,好了,月亮又圆了!”

小猴子又伸手去捞,捞呀,捞呀,捞了半天,还是捞不到月亮。它急得吱吱吱直叫唤:“哎哟,累死我了。月亮一抓就破,再也捞不起来啦!”

小猴子这么一叫唤,上边的猴子也都叫起来了。这个说:“我的腿酸了,挂不住啦!”那个说:“我的手疼了,抓不紧啦!”

这时候，老猴子忽然抬头一看，又圆又亮的月亮还好好地挂在天上，就对大家说："你们看，月亮不是好好地挂在天上吗？井里的是月亮的影子。傻孩子，快上来看月亮吧！"

听老猴子这么一说，小猴子、大猴子，一个一个都爬上来。大家看着又圆又亮的月亮，吱吱吱地笑起来了。

训练提示：《猴子捞月亮》这篇童话故事讲述了几只猴子以为月亮掉进水里了，想办法从水中捞月亮的故事。故事情节丰富，角色多，因此在朗诵时要善用不同的音色来区分小猴子、大猴子和老猴子：小猴子声音尖脆，节奏快；大猴子声音低沉稳重；老猴子声音苍老，语重心长。在朗诵故事旁白时要注意形容词、动词的重读，如"又圆又亮""撒腿就跑""捞呀，捞呀""直叫唤"等，可以用夸张的延长音增加故事的叙述感。

稿件二

南辕北辙

从前有一个人，坐着马车在大路上飞跑。

他的朋友看见了，叫住他问："你上哪儿去呀？"

他回答说："到楚国去。"

朋友很奇怪，提醒他说："楚国在南边，你怎么往北走呀？"

他说："没关系，我的马跑得快。"

朋友说："马跑得越快，离楚国不是越远了吗？"

他说："没关系，我的车夫是个好把式。"

朋友摇摇头，说："那你哪一天才能到楚国呀！"

他说："没关系，不怕时间久，我带的盘缠多。"

楚国在南边，他硬要往北边走。他的马越好，车夫的本领越大，盘缠带得越多，走得越远，就越到不了楚国。

训练提示：

故事中坐在车上的那个人所说的"没关系，我的马跑得快。""没关系，我的车夫是个好把式。"都是此人自以为是、一意孤行的语言表现，要读得既形象又夸张。具体来说，文中的三个"没关系"要用降调读，其中"没"字要重读，以表现这个人盲目自信的神态。三个"没关系"后边的内容要用弱力度、低语音快读，以形象地突出这个人不听别人指教、自负自大的神态，句尾使用重拖音，以表达对这些内容否定的态度。

稿件三

陶罐和铁罐

国王的御厨里有两只罐子：一只是陶的，一只是铁的。骄傲的铁罐看不起陶罐，常常奚落它。

"你敢碰我吗，陶罐子？"铁罐傲慢地问。

"不敢，铁罐兄弟。"陶罐谦虚地回答。

"我就知道你不敢，懦弱的东西！"铁罐带着更加轻蔑的口气道。

"我确实不敢碰你，但并不是懦弱。"陶罐争辩说，"我们生来就是盛东西的，并不是来互相碰撞的。说到盛东西，我不见得就比你差。再说……"

"住嘴！"铁罐恼怒了，"你怎敢和我相提并论！你等着吧，要不了几天，你就会破成碎片，我却永远在这里，什么也不怕。"

"何必这样说呢？"陶罐说，"我们还是和睦相处吧，有什么可吵的呢！"

"和你在一起，我感到羞耻，你算什么东西！"铁罐说，"走着瞧吧，总有一天，我要把你碰成碎片！"

陶罐不再理会铁罐。

时间在流逝，世界上发生了许多事情。王朝覆灭了，宫殿倒塌了。两个罐子遗落在荒凉的地上，上面覆盖了厚厚的尘土。许多年过去了，有一天，人们来到这里，掘开厚厚的堆积物，发现了那个陶罐。

"哟，这里有一个罐子！"一个人惊讶地说。

"真的，一个陶罐！"其他人都高兴得叫起来。

大家把陶罐捧起，把它身上的泥土刷掉，擦洗干净，发现它和当年在御厨的时候一样光洁、朴素、美观。

"多美的陶罐！"一个人说，"小心点儿，千万别把它碰坏了，这是古代的东西，很有价值的。"

"谢谢你们！"陶罐兴奋地说，"我的兄弟铁罐就在我的旁边，请你们把它掘出来吧，它一定闷得够受了。"

人们立即动手，翻来覆去，把土都掘遍了。但是连铁罐的影子也没有见到。它，不知道在什么年代已经完全氧化，早已腐蚀成一堆锈土了。

训练提示：这则寓言讲的是国王御厨里的铁罐自视甚高，瞧不起陶罐；然而，埋在土里许多年后，陶罐出土成宝，铁罐却化为泥土的故事。它告诉人们，人都有长处和短处，要看到别人的长处，正视自己的短处，相互尊重，和睦共处。

这则寓言故事主要通过对话展现情节、推动故事发展，塑造人物形象，说明道理。铁罐的傲慢、蛮横和陶罐的谦虚、友善、克制均在人物的对话中充分展现。此外，具体生动的神态、动作描写，使铁罐、陶罐的形象更加鲜明突出。在朗诵时，可以用声音的高低、节奏的快慢来表现铁罐与陶罐不同的性格特点。

稿件四

乌鸦和猪的“谅解”

乌鸦在一棵树上，看见下面有一只浑身黑毛的猪。

“哈哈！这个黑家伙，多难看呀。”乌鸦耻笑说。

猪向四处看了看，发现说话的是乌鸦，马上说：“讲话的，原来是一个黑得可怜的小东西。”

“你说谁？你也不看看你自己。”乌鸦气愤地说。

“你还是看看你自己吧！”猪也很气愤。

它们争吵了一阵，就到池塘边去证实谁更黑。它们在水里照了照自己，又互相端详对方，谁也不开口了。乌鸦忽然高兴地说：“黑有什么不好看呢？”“我也以为黑是很好看的。”猪也快乐地说。

不要因为彼此有同样的缺点，就相互原谅，并且把缺点当作优点来自夸。

训练提示：本寓言故事说的是乌鸦嘲笑猪黑，猪也嘲笑乌鸦黑，当它们发现彼此一样黑时，又互相“谅解”了，并一致认为黑很好看。朗诵乌鸦的话时，声音可以尖一些，适当加快语速，突出乌鸦狡猾的性格特点。朗诵猪的话时，把声音放低一些，慢一些，使两个角色声音形成对比。这样不但可以塑造不同的角色，还能够加强作品的艺术效果。但是要注意，朗诵乌鸦的话时不要尖声大叫，朗诵猪的话时不要瓮声瓮气，避免口齿不清。

稿件五

猴吃西瓜

猴王找到了一个大西瓜，可是，怎么吃呢？这个猴啊，是从来也没有吃过西瓜的。忽然，他想出了一条妙计，于是，把所有的猴都召集来了。他清了清嗓子：“今天，我找到了一个大西瓜。至于这西瓜的吃法嘛，我当然……当然是知道的。不过，我要考验一下大伙的智慧，看看你们谁能说出这西瓜的吃法。要是说对了，我可以多赏他一块。要是说错了，我可要惩罚他！”

大伙你看看我，我看看你，谁也不敢先吃。小毛猴眨巴眨巴眼睛，挠了挠腮说：“我知道，吃西瓜是吃瓤！”

“不对！小毛猴说得不对！”短尾巴猴跳了起来，“我小时候跟我妈去姥姥家吃过甜瓜，吃甜瓜就是吃皮。我想，这甜瓜也是瓜，西瓜也是瓜，吃西瓜嘛，当然也是吃皮啰。”

这时候，大伙争执起来。有的说：“吃西瓜吃皮。”有的说：“吃西瓜吃瓤。”可争了半天，也没争出个结果，于是都不由地把目光集中到一只老猴的身上。

这老猴认为出头露面的机会来了，他捋了捋胡子，清了清嗓子说：“这吃西瓜嘛，当然……当然是吃皮啰。我从小就爱吃西瓜，而且……而且一直都是吃皮的。我想，我之所以老而不死，就是因为吃了这西瓜皮的缘故……”

大伙都欢呼起来：“对，吃西瓜吃皮！”“吃西瓜吃皮！”

猴王认为找到了正确答案，他站起身来，上前一步，开言道：“对，大伙说得对！吃西瓜是吃皮。哼，就小毛猴崽子一个人说吃西瓜吃瓤，那就让他一个人吃吧！咱们大伙，都吃西瓜皮！”并把西瓜一刀被切成两半，小毛猴吃瓤，大伙共分西瓜皮。

有个猴吃了两口，就捅了捅旁边的说：“哎，我说这可不是滋味啊！”“咳，老弟，我常吃西瓜，西瓜嘛，就是这味。”

训练提示：这篇作品带有很强的讽刺意味，把深刻的道理寄于简单而又轻松的故事之中，借小喻大，借此喻彼。所以，不要因为它具有说理的特征，就把基调变得格外严肃、矜持，这样会失去寓言朗诵的生动、幽默特性。

这个故事朗诵的总体基调是轻松、诙谐的，朗诵的基本节奏为轻快型。作品共有8个自然段，按故事情节发展分为四个层次。

第一个层次——猴王出题：第1自然段。这里要注意区分旁白和猴王，旁白以叙述、说理为主要语气贯穿故事的全过程；而猴王是故事的主要角色，是一个不讲实际、推崇经验的典型代表，他始终以中心人物和权威人物自居，这一点在他的语气当中要充分表现出来。

第二个层次——群猴献策：第2—6自然段。第二层次里，有两点需要特别注意，一是区别表现四种不同的语气：小毛猴童言无忌，天真可爱；短尾巴猴经验不足，爱表现自己；老猴子因循守旧，自以为是；群猴跟风，吃瓜心切。二是要注意淡化不同猴子的外在特色，因为这是朗诵者在转述不同猴子的意见，而不是在塑造不同猴子具体的声音形象。这也是朗诵表演与演员角色化表演在表现形态上的根本区别。

第三个层次——猴王决策:第7自然段。猴王作出了选择,并自信地公布了错误的答案。朗诵猴王的语言时,重点要表现他无主见、盲目遵从,但又想充分显示自己权威地位的心理特征。

第四个层次——自食其果:第8自然段。故事的最后是两个猴子的议论,一个因为西瓜皮难吃私下提出了疑问,而另一个表现的则是逆来顺受、盲目跟从。朗诵这两个猴子的对话时,前者是苦涩、不解的语气,后者则是无可奈何的语气。

稿件六

皇帝的新装

许多年前,有一个皇帝,为了穿得漂亮,不惜把所有的钱都花在买衣服上。他既不关心军队,也不喜欢看戏,更不喜欢乘着马车去游公园——除非是为了去炫耀一下他的新衣服。他每个钟头都要换一套衣服。人们提到他,总是说:“皇上在更衣室里。”

有一天,他的都城来了两个骗子,自称是织工,说能织出人间最美丽的布。这种布不仅色彩和图案都十分美观,而且缝出来的衣服还有一种奇怪的特性:任何不称职的或者愚蠢得不可救药的人,都看不见这衣服。

“那真是理想的衣服。”皇帝心想,“我穿了这样的衣服,就可以看出在我的王国里哪些人不称职,我就可以辨别出哪些是聪明人,哪些是傻子。是的,我要叫他们马上为我织出这样的布来。”于是,他付了许多钱给这两个骗子,让他们马上开始工作。

这两个人摆出两架织布机,装作是在工作的样子,可是他们的织布机上连一点布的影子也没有。他们急迫地请皇帝发给他们一些最细的生丝和最好的金子。他们把这些东西都装进自己的腰包,只在那两架空织布机上忙忙碌碌,直到深夜。

全城的人都听说这件织品有一种神奇的力量,所以大家也都渴望借这个机会测验一下:他们的邻居究竟有多么笨,或者有多么傻。

“我要派我诚实的老大臣到织工那儿去。”皇帝想,“他最能看出这布料是什么样子的,因为就称职这点来说,谁也不及他。”

这位善良的老大臣来到那两个骗子的屋子里,看见他们正在空织布机上忙碌地工作。

“愿上帝可怜可怜我吧!”老大臣想,他把眼睛睁得特别大,“我什么东西也没有看见。”但是他没敢把这句话说出口来。

那两个骗子请他走近一点,同时指着那两架空织布机问他花纹是不是很美丽,色彩是不是很漂亮。可怜的老大臣眼睛越睁越大,仍然看不见什么东西,因为的确没有东西。

“我的老天爷！”他想，“难道我是愚蠢的吗？我从来没有怀疑过自己。这一点绝不能让任何人知道。难道我是不称职的吗？不行！我绝不能让人知道我看不见布料。”

“哎，您一点意见也没有吗？”一个正在“织布”的骗子说。

“哎呀，美极了，真是美极了！”老大臣一边说，一边“仔细地”看，“多么美的花纹，多么美的色彩！是的，我要呈报皇上，我对这布料非常满意。”

“嗯，我们听了非常高兴。”两个骗子齐声说。于是他们就把色彩和花纹描述了一番，还加上些名词。老大臣注意地听着，以便回到皇帝那儿可以照样背出来，事实上他也这样做了。

这两个骗子又要了些钱、生丝和金子，说是为了织布的需要。当然，他们把这些东西全装进了自己的腰包。

过了不久，皇帝又派另外一位官员去看织布进展的情况。这位官员的运气并不比上一位大臣好：他看了又看，但是那两架织布机上什么也没有，他什么东西也看不出来。

“你看这段布美不美？”两个骗子问。他们指着空织布机，描述着一些美丽的花纹——事实上它们并不存在。

“我并不愚蠢呀！”这位官员想，“大概是我不配有现在这样好的官职吧。这也真够滑稽，但是我绝不能让人看出来。”他就把他完全没看见的布称赞了一番，同时保证说，他对这些美丽的色彩和巧妙的花纹感到很满意。“是的，那真是太美了！”他对皇帝说。

城里所有的人都在谈论这美丽的布料。

皇帝决定亲自去看一次。他还带了一群随员——包括已经去看过的那两位“诚实”的大臣，到了那两个狡猾的骗子的屋里。这两个家伙正在“忙碌地”织布，但是一根丝的影子也看不见。

“您看这布华丽不华丽？”那两位“诚实”的官员说，“陛下请看，多么美的花纹，多么美的色彩！”他们指着那架空织布机，相信别人一定看得见布料。

“这是怎么一回事呢？”皇帝心里想，“我什么也没有看见，难道我是一个愚蠢的人吗？难道我不够资格当皇帝吗？这太可怕了。”“哎呀，真是美极了！”皇帝说，“我十分满意。”

他仔细地看着织布机，不愿说什么也没看到。跟着他来的全体随员也仔细地看了又看，可是他们也没比别人看到更多的东西。他们像皇帝一样，也说：“哎呀，真是美极了！”他们向皇帝建议，用这新的、美丽的布料做衣服，穿着这衣服去参加快要举行的游行大典。“这布是华丽的、精致的、无双的！”大家都随声附和着，每人都有说不出的快乐。皇帝赐给骗子“御聘织师”的头衔，封他们为爵士，并授予他们每人一枚可以挂在衣服上的勋章。

第二天早上，游行大典就要举行了。头一天夜晚，两个骗子整夜点了十六支蜡烛，让人们看到他们是在赶夜工。他们装作从织布机上取下布料，用两把大剪刀在空中裁了一阵子，同时用没有穿线的针缝了一通。最后，他们齐声说：“请看，新衣服缝好了！”

皇帝亲自带着一群高贵的骑士们来了。两个骗子各举起一只手，好像拿着什么东西似的，说：“请看吧，这是裤子，这是袍子，这是外衣。”“这些衣服轻柔得像蜘蛛网一样，穿的人会觉得身上好像没有什么东西似的，这也正是这些衣服的优点。”

“一点也不错。”所有的骑士都说。可是他们什么也看不见，因为什么东西也没有。

“现在请陛下脱下衣服，”两个骗子说，“好让我们在这个大镜子面前为您换上新衣服。”

皇帝把所有的衣服都脱下来了。两个骗子装模作样地把他们刚才缝好的新衣服拿过来。他们在皇帝的腰周围弄了一阵子，好像是为他系上什么东西似的。皇上在镜子面前转了转身子，扭了扭腰。

“上帝，这衣服多么合身啊！裁得多么好看啊！”大家都说，“多么美的花纹！多么美的色彩！这真是漂亮的衣服。”

“大家都在外面等待，我们已经准备好了华盖，以便举在陛下头顶上去参加游行大典。”典礼官说。

“好，我已经穿好了。”皇帝说，“这衣服合身吗？”他又在镜子面前把身子转动了一下，因为他要让大家觉得他在认真地观看这身美丽的新装。

那些托后裙的大臣都用手在地上东摸西摸，好像他们正在拾起后裙似的。他们出发了，手中托着空气。

于是，皇帝就在那个富丽的华盖下随着游行队伍走起来了。站在街上和窗子里的人都说：“乖乖，皇上的新装真是漂亮。他上衣下面的裙摆是多么美丽！这件衣服真合他的身材！”谁也不愿意让人知道自己什么也看不见，因为这样就会显出自己不称职，或是太愚蠢。

“可是他什么衣服也没穿呀！”一个小孩子最后叫了出来。

“上帝哟，你听这个天真的声音！”孩子的爸爸对大家说。于是大家把这孩子讲的话私下里低声地传播开来。

“他并没有穿什么衣服。有一个小孩子说他并没穿什么衣服呀!”

“他实在没穿什么衣服呀!”最后所有的百姓都说。

皇帝气得有点儿发抖,因为他觉得百姓们所讲的话似乎是真的。不过他心里却这样想:“我必须把游行大典举行完毕。”因此他摆出一副更骄傲的神气。他的大臣们跟在他后面走,手中托着一条并不存在的后裙。

训练提示:《皇帝的新装》是一篇著名的安徒生童话。作者以“新装”为中心,极力写出了皇帝、大臣、骗子相互欺骗的种种荒诞滑稽的可笑行径,深刻地揭露了皇帝昏庸及大臣们愚蠢、虚伪的丑恶本质。两个骗子以缝制新衣为由,不断地向皇帝索取金银财宝,这充分体现了骗子的奸诈、贪婪。大臣们根本看不到布料,却没有一个人敢于站出来说一句真话。皇帝为了穿得漂亮,肆意挥霍钱财。百姓们也随波逐流,反而是天真的孩子打破了这个骗局,撕下了皇帝、大臣、骗子虚伪、愚蠢、贪婪的面具。

朗诵时可以适当运用夸张的语气和音调表现骗子和大臣的贪婪、虚伪,文章末尾小孩子揭露真相的话语应突出,音色尖细,音量放大,作为本故事的点题之音。

稿件七

荞　麦

在一阵大雷雨以后,当你走过一块荞麦田的时候,你会发现这里的荞麦又黑又焦,好像火焰在它上面烧过一次似的。这时,种田人就说:“这是它从闪电得来的。”但为什么它会落得这个结果?我可以把麻雀告诉我的话告诉你。麻雀是从一棵老柳树那儿听来的。这树立在荞麦田的旁边,而且现在还立在那儿。它是一株非常值得尊敬的大柳树,不过它的年纪很老,皱纹很多。它身体的正中裂开了,草和荆棘就从裂口里长出来。这树向前弯,枝条一直垂到地上,像长长的绿头发一样。

周围的田里都长着麦子,有裸麦和大麦,还有着燕麦——是的,有最好的燕麦。当它成熟的时候,看起来就像许多落在柔软的树枝上的黄色金丝鸟。这燕麦立在那儿,微笑着。它的穗子越长得丰满,它就越显得虔诚、谦卑,把身子垂得很低。

可是另外有一块田,里面长满了荞麦。这块田恰恰是在那株老柳树的对面。荞麦不像别的麦子,它的身子一点也不弯,直挺挺地立着,摆出一副骄傲的样子。

“作为一根穗子,我真是长得丰满,”它说,“此外我还非常漂亮,我的花像苹果花一样美丽,谁看到我和我的花就会感到愉快。你这老柳树,你知道还有什么比我更美丽的东西吗?”

柳树点点头,好像想说:“我当然知道。”

不过荞麦不理会它，摆出一副架子来，自言自语道："愚蠢的树，它是那么老，连它的肚子都长出草来了。"

这时，一阵可怕的暴风雨到来了。田野上所有的花儿，当暴风雨在它们身上经过的时候，都把自己的叶子卷起来，把自己细嫩的头儿垂下来，可是荞麦仍然骄傲地立着不动。

"像我们一样，把你的头低下来呀。"花儿们说。

"我无须这样做。"荞麦说。

"像我们一样，把你的头低下来呀！"燕麦大声说，"暴风的安琪儿现在飞来了，它的翅膀从云块那儿一直伸到地面，你还来不及求情，它就已经把你砍成两截了。"

"对，但是我不愿意弯下来。"荞麦说。

"把你的花儿闭起来，把你的叶子垂下来呀！"老柳树说，"当云块裂开的时候，你无论如何不要望着闪电。连人都不敢这样做，因为这一看就会把人的眼睛弄瞎的。假如我们这样做，我们这些土生的植物会得到什么结果呢？况且我们远不如他们。"

"远不如他们？"荞麦说，"我倒要看看天试试。"它就这样傲慢而自大地做了。闪电炸裂得那么厉害，好像整个世界都烧起来了。

当恶劣的天气过去以后，花儿和燕麦在这沉静的空气中站着，被雨洗得焕然一新。可是荞麦却被闪电烧得像炭一样焦黑，成为田里没有用的死草。

老柳树在风中摇动着枝条，大颗的水滴从枝条上落下来，好像在哭泣。一只麻雀问道："你为什么要哭呢？你看这儿的一切是那么令人感到愉快，你看太阳照得多美，你看云块飘得多好。你没有闻到花儿和灌木林散发出来的香气吗？你为什么要哭呢，老柳树？"

于是柳树就把荞麦的骄傲、自大以及接踵而来的惩罚讲给它们听。

训练提示：寓言童话的最终目的是说理，这是作品的灵魂。好的寓言朗诵作品会使受众随着故事情节的开展而逐渐明晰它的内涵，这也是寓言朗诵的魅力所在。寓言朗诵不同于单纯地讲故事，朗诵者既要有讲故事的感性投入，又要有说道理的理性凝练。

《荞麦》这篇寓言故事将荞麦自大的性格展现得淋漓尽致。荞麦一意孤行、不听他人劝告，最后落得被闪电烧焦的结果。本文对话紧凑，朗诵时，注意表现荞麦的自大和柳树与花儿的善良劝解。

稿件八

粉红色信封

狒狒是位非常聪明的国王，在他又圆又大的脑袋里，不知藏有多少绝妙的好主意。每天早晨，当他睁开眼睛的时候，脑袋里都要蹦出一个绝妙的好主意。所以翡翠森林王国天天都要发布狒狒国王的最新指示。今天，狒狒国王发布的最新指示是从现在起，翡翠森林王国将通用一种粉红色信封，装赔礼道歉的信，不贴邮票，免费邮送。

狒狒国王为什么要发布这样一道最新指示呢？

这是因为昨天狒狒国王忙了一天，忙的是什么呢？忙的全是鸡毛蒜皮的小事：什么小鸡和小鸭打架，鸡妈妈和鸭妈妈非要狒狒国王断个公案；松鼠兄弟分家，弟弟告哥哥多分了个松果；塘鹅捡到孔雀的一根羽毛，不但不还给孔雀，而且还插在了自己的尾巴上……忙了一天，也没忙出一个结果来，狒狒国王让市民们第二天再来。所以今天早晨一觉醒来，狒狒国王的脑海里就冒出这么一个绝妙的好主意来。

粉红色信封是用胭脂花的花汁涂的，信封上还有淡淡的芳香。森林邮递员长毛猴骑着摩托车，挨家挨户地送粉红色信封。一边送，一边宣传："你们写好了，就投到邮筒里，不用邮票，免费为你们送。"中午，长毛猴打开邮筒，发现里面塞满了粉红色信封，其中有鸡妈妈写给鸭妈妈的，鸭妈妈写给鸡妈妈的，松鼠哥哥写给松鼠弟弟的，塘鹅写给孔雀的。

长毛猴骑着摩托车，飞快地把这些信都送到了。狒狒国王这一天也就无事可干了，他哼着歌儿，心情十分愉快地从宫里走出来，想去晒晒下午的太阳。

草地上，鸡妈妈带着一群小鸡，鸭妈妈带着一群小鸭，正在一块儿做游戏。狒狒国王走过去，笑道："你们两家的孩子在一块儿玩，不怕再打架吗？"鸡妈妈和鸭妈妈的脸都红了。狒狒国王摸摸小鸡，又拍拍小鸭："小孩子嘛，哪有不闹的，你们做妈妈的，首先要教育好自己的孩子。"

松树下，松鼠哥哥和松鼠弟弟正拉拉扯扯的。狒狒国王见了，大喝一声："住手！"并跑过去，拉开兄弟俩："怎么，你们为了一个松果，还大打出手？""是这样的，"松鼠哥哥忙解释道："我把我多分的一个松果给弟弟拿来，可他不肯收。"松鼠弟弟说："我看了哥哥粉红色的信，已经原谅了哥哥。"狒狒国王哈哈大笑："亲兄弟嘛，今后不要为了一点点小事，伤了和气。"

池塘边，孔雀正在为塘鹅表演孔雀开屏，那展开的尾巴像五彩缤纷的大扇子，在阳光下闪着美丽的光。"真漂亮！真好看！真美丽！"塘鹅不停地为孔雀喝彩。"塘鹅！"狒狒国王问道，"那根孔雀毛你已经还给孔雀了吗？""孔雀把它送给我了。"塘鹅说着，还抖了抖尾巴上的那根孔雀毛。“是吗?”狒狒国王又问孔雀。“收到塘鹅粉红色的信后,我也很惭愧,我太小气了。”孔雀正说着,长毛猴骑着摩托车过来了。“长毛猴,今天的信还没送完吗?”长毛猴从背包里取出一大把粉红色的信:“今天的信特别多,国王,还有你的!”

狒狒国王接过信,闻着粉红色信封上淡淡的芳香,感到今天的森林特别美丽,动物们也特别可爱。他要回宫去,写好多好多的信,装在粉红信封里。

训练提示:《粉红色信封》这篇童话讲述了聪明的狒狒国王想出了一个好主意——免费为动物王国的子民们邮送粉红色的道歉信,通过道歉信的形式,让大家互相包容、互相谦让,不再为鸡毛蒜皮的小事争吵打架的故事。

这个故事的人物多、情节紧凑。朗诵时,注意各种动物的声音变化。叙述故事情节时,要注意层次的递进,语气生动,节奏把握适中。

稿件九

拇指姑娘(节选)

从前有一个女人,她非常希望有一个丁点儿大的孩子,但是她不知道从什么地方可以得到。因此她就去请教一位巫婆。她对巫婆说:“我非常想要有一个小小的孩子!你能告诉我什么地方可以得到一个吗?”

“嗨,这容易得很!”巫婆说,“你把这颗大麦粒拿去吧。它可不是乡下人的田里长的那种大麦粒,也不是鸡吃的那种大麦粒啦!你把它埋在一个花盆里,不久你就可以看到你所要看的东西了。”

“谢谢您,”女人说,并给了巫婆三个银币。于是她回到家后,种下那颗大麦粒。不久以后,一朵美丽的大红花就长出来了。它看起来很像一朵郁金香,不过它的叶子紧紧地包在一起,好像仍旧是一个花苞似的。

“这是一朵很美的花,”女人说,同时在那美丽的、黄而带红的花瓣上吻了一下。不过,当她正在吻的时候,花儿忽然“劈啪”一声,开放了。人们现在可以看出,这不是一朵真正的郁金香,但是在这朵花的正中央,在那根绿色的雌蕊上面,坐着一位娇小的姑娘,她看起来又白嫩,又可爱。她还没有大拇指的一半大,因此人们就将她叫作拇指姑娘。

拇指姑娘的摇篮是一个光得发亮的漂亮的胡桃壳,她的垫子是蓝色紫罗兰的花瓣,她的被子是玫瑰的花瓣,这就是她晚上睡觉的地方。但是白天她在桌子上玩耍,在这桌子上,那个女人放了一个盘子,上面又放了一圈花儿,花的枝干浸在水里,水上浮着一片很大的郁金香花瓣。拇指姑娘可以坐在这花瓣上，用两根白马尾作桨，从盘子这一边划到那一边。这样儿真是太美丽啦！她还能唱歌，而且唱得那么温柔和甜蜜，从前没有任何人听到过。

一天晚上，当她正在漂亮的床上睡觉的时候，一个难看的癞蛤蟆从窗子外面跳进来了，因为窗子上有一块玻璃已经破了。这癞蛤蟆又丑又大，而且是黏糊糊的。

癞蛤蟆一直跳到桌子上，拇指姑娘正睡在桌子上鲜红的玫瑰花瓣下面。

"这姑娘倒可以做我儿子的漂亮妻子哩，"癞蛤蟆说。于是她一把抓住拇指姑娘正睡着的那个胡桃壳，背着它跳出了窗子，一直跳到花园里去。

花园里有一条很宽的小溪在流着，但是它的两岸又低又潮湿。癞蛤蟆和她的儿子就住在这儿。哎呀！他跟他的妈妈简直是一个模子刻出来的，长得也奇丑不堪。

"嗝嗝！嗝嗝！呱！呱！呱！"当他看到胡桃壳里的这位美丽的小姑娘时，他只能讲出这样的话来。

"讲话不要那么大声啦，要不你就把她吵醒了，"老癞蛤蟆说，"她还可以从我们这儿逃走，因为她轻得像一片天鹅的羽毛！我们得把她放在溪水里睡莲的一片宽叶子上面。她既然这么娇小和轻巧，那片叶子对她说来可以算是一个岛了。她在那上面是没有办法逃走的。在这期间我们就可以把泥巴底下的那间好房子修理好，你们俩以后就可以在那儿住下来过日子。"

小溪里长着许多叶子宽大的绿色睡莲，它们好像浮在水面上似的，浮在最远的那片叶子也就是最大的一片。老癞蛤蟆向它游过去，把胡桃壳和睡在里面的拇指姑娘放在上面。

训练提示：《拇指姑娘》中纯洁、善良的拇指姑娘，先被癞蛤蟆劫走，然后又被逼嫁给见不得阳光的鼹鼠。四处漂泊的她虽有着坎坷的经历，但依然具有同情心。她的美不仅在外表，更在于她的内心。她在鼹鼠挖的地道里发现了一只冻僵的燕子，连夜用草编了一张宽大的毯子，送到了冻僵的燕子那儿，盖在她身上，又把在鼹鼠家找到的一些软棉花裹在燕子身上。就这样，一天、两天……经过了一个冬天，在拇指姑娘的精心照料下，燕子又展翅飞翔了，飞到温暖的地方去了。后来这只知恩图报的燕子，解救了拇指姑娘，把她送到了温暖的南方，使她最终得到了幸福的爱情。

这篇童话的情节美丽动人，同时又具有浓厚的诗意。拇指姑娘虽然身材娇小，生活环境也很艰苦，但她却非常善良，并具有伟大的理想：向往光明和自由。朗诵时，注意情声气的把握，朗诵出故事的美感与诗意，声音表达要生动形象，故事叙述与角色对话所传递的情景要相符。

稿件十

兔子哥哥当校长

山羊爷爷是森林学校的首任校长,可前段日子,他病倒了,在家休养。一时间,学校群龙无首,大家决定招聘一位贤者,挑起校长重任。

兔子哥哥从美国留学归来,据说学贯中西、学富五车,是青年才俊。他说:“我渴望当上森林学校的第二任校长,干出一番事业,光宗耀祖。”

在新校长竞选大会上,这个海归博士慷慨陈词:“大家都说‘兔子的尾巴长不了’,我要忠诚于教育事业,广开言路,当好伯乐,唯才是用,干出成绩,让兔子的尾巴长起来!”

他幽默、精彩的演讲赢得全场热烈的掌声。

兔子哥哥如愿当上了校长,试用期一个月。如若表现突出,一个月以后,他便会正式成为森林学校的第二任校长。

登上校长宝座的第一天,兔子哥哥信心满满,他鼓励自己:“俗话说:‘新官上任三把火’,我为什么不烧‘七把火’呢?”

时间有限,兔子哥哥决定胆子放大些,干几件大事,让人刮目相看。

狗狗阿黄同志当森林学校的门卫有五年了,工作尽职尽责。他的宗旨是:绝不让坏人踏入学校半步!绝不让师生的财产丢失半分!阿黄年年评上先进,是单位的老模范。

兔子校长说:“门卫是学校的脸面,狗狗阿黄同志样子太凶,上级领导看了不悦,他必须下岗!”

于是,狗狗阿黄丢了门卫的金饭碗,只好去当伤心的流浪狗了。

漂亮的蜗牛小姐当上了门卫。她动作斯文,整日慢吞吞的,连打开校门也需要一个小时,结果造成了严重的踩踏事件。

兔子校长还称赞道:“有门卫风度,这个新员工不错!”

学校有个美丽的植物园,种植着大量的蔬菜、鲜花、果树……是同学们参观学习的好去处。老虎先生是植物园辛勤的管理员,他恪守职责、任劳任怨。园里无虫害,植物自由长!

兔子校长到植物园视察了一回,决定调任胖猪先生去植物园当领导,同时提拔老虎先生为厕所所长,负责那里的卫生。

兔子校长得意地说:“这叫物尽其用,人尽其才!我相信胖猪先生会将植物园管理得更好!”

胖猪先生上任的第一天，贪吃贪睡的老毛病就犯了。他是植物园的一把手，想干什么就干什么。他吃掉园里的白菜萝卜，推倒大小果树，将成熟和没成熟的果子尽收腹中。吃饱走不动了，胖猪先生就睡在花草上晒太阳。

有人把这件事告诉了兔子校长，校长开口说："我相信胖猪先生是想整理整理植物园，他是个好干部！"

胖猪先生把植物园整理得怎么样呢？最后，植物园里破败不堪、满目疮痍、杂草丛生。好好的植物园被胖猪先生彻底毁掉了。

兔子校长又关心起教学来，对一线的老师挥起"大棒"。

老牛先生是历史系的高材生，在森林学校里当了十五年的历史老师，志愿到乡下任教。他知识丰富、出口成章，学生十分爱戴他。

兔子校长说："我校要不拘一格，大胆起用新人。老牛先生太老土、太老套，必须马上下岗。"

于是，老牛先生离开了他心爱的讲台，代替他当历史老师的是小牛先生。小牛先生出生才两天呢！他讲课还可以，但毛病是经常开口讲第一句，他就饿了，便私自离开教室回到牛妈妈身边吃奶。等他咂着嘴巴回到教室开始重新讲课时，下课铃又响了，小牛先生只能不好意思地宣布下课。

百灵鸟小姐是明星歌唱家，她开一场演唱会赚的钱就可以办一所森林学校。但她热爱教育事业，希望音乐界后继有人，希望歌声传遍森林。她说："音乐应从娃娃抓起。"于是，百灵鸟小姐放弃明星事业，到森林学校当一名默默无闻的音乐老师。

兔子校长说："我不相信世界上真的有奉献者，百灵鸟小姐是想捞政治资本，她不适合当老师。再说她没有教师资格证，森林学校不能再用她。乌鸦小姐符合条件，可以接替她的工作。"百灵鸟小姐哭着离开了校园。

乌鸦小姐当上音乐老师，她一开口唱歌，同学们都哭了。乌鸦小姐快乐地说："你们不要激动，我的歌唱得好吧？"

大家齐声说："唱得不好！老师，你一唱歌，我们就想起死去的亲人。"

蝴蝶先生对色彩特别有感觉，他热爱画画，是学校最出色的美术老师。

兔子校长对他说："你的画花花绿绿，会损害孩子的眼睛。你到学校财务处结算一下工资，明天不用来上班了。流浪狗阿黑瞎了一只眼睛，需要照顾，我要聘任他当美术老师，专门教学生画梅花。"蝴蝶先生伤心地离开了心爱的学校。

兔子校长爱好运动，他盯上了学校的体育事业。

两个孩子在打乒乓球，学校下个星期举行运动会，他们积极备战，准备拿冠军。

兔子校长走过去，认真地说："乒乓球太小，在桌上蹦来跳去，没有观赏价值。我是兔子校长,命令你们从今以后,将乒乓球换成大排球!”

校长的话,谁敢不听?这两个学生马上将乒乓球换成排球。排球用乒乓球拍挥过来打过去,样子好看是好看,可两个学生却累得虚脱。没有人再敢上阵了。

操场上进行着激烈的拔河比赛,两队队员分别拉着一根大绳的两端拼命使劲。拉拉队在大喊:“加油!加油!”

兔子校长大喊:“赶快停止!赶快停止!”

比赛正欢,突然叫停,大家感觉莫名其妙。

兔子校长说:“拔河比赛重在‘拔’。你们这样卖力,请问是拔起了萝卜还是白菜?你们应该将绳系在大桂花树的树干上,然后齐心协力拉,这才是真正的拔河。我是兔子校长,大家照我说的去做,我给你们发大奖。”

校长指挥的,肯定错不了!大家将绳系在桂花树上,一起用力拉。所有队员都努力地拉,绳在吱吱作响……终于,一棵价值一百万元的大桂花树被连根拔起。

大家在校园跑,欢呼雀跃,庆祝拔河比赛胜利!

一个月的时间到了,大象村长到森林学校去检查,发现这里乾坤颠倒、黑白不分、妖魔乱舞、怪象丛生……大象村长赶快撤掉了兔子哥哥的校长职务。

这个月毕业的小动物可惨了,他们成绩都不合格,必须入学重修。

兔子哥哥当校长,虽然新鲜有趣,却害了大家,害了森林。

训练提示:朗诵寓言时,要先弄清楚主题是什么。明确了寓言主题,在朗诵时反而要不显山、不露水地,不掺杂个人情感地展开故事,让听众从故事中逐渐悟出寓意。

朗诵本寓言时,要着重体现兔子校长的自大傲慢、自以为是,音调上扬,用命令的语气朗读兔子校长的话语。文章可分三部分:兔子哥哥当校长前(1—5 自然段);兔子哥哥当校长一个月期间实行的措施(6—39 自然段);一个月之后,兔子哥哥被撤掉校长职务(40—42 自然段)。朗诵重点应放在第二部分,通过兔子校长在任期间的霸道行为和言语,突出表现兔子的独断专行和盲目无知。

稿件十一

小猪倌

从前有一个贫穷的王子,他的王国虽然非常小,可还是有给他结婚的费用,而结婚正是他现在想要做的事情。他也真有些大胆,居然敢对一个富裕国家的公主说:“你愿意嫁给我吗?”他敢这样说,正是因为他的名字远近闻名,成百上千的公主都会高高兴兴地说“愿意”,不过我们看看这位公主会不会这样说吧。

王子父亲的墓上长着一枝玫瑰——一枝很美丽的玫瑰。它五年才开一次花，而且每次只开一朵。但这是一朵多么好的玫瑰花啊！它发出那么芬芳的香气，无论谁，只要闻一下，就会忘掉一切忧愁和烦恼。王子还有一只夜莺，这鸟儿唱起歌来，就好像包藏着一切和谐的调子似的，王子要把这些东西都送给公主。他把两个盒子放在公主的门前，敲了敲门就走了。皇帝下令把这些礼物送进大殿，好让他亲眼看看。公主正在大殿里和她的侍女们做"拜客"的游戏，因为她们没有别的事情可做。当她看到匣子里的礼品时，就兴高采烈地拍起手来。

"我希望那里面是一只小猫！"她说，可是盒子里却是一朵美丽的玫瑰花。

"啊，这花做得多么精巧啊！"侍女们齐声说。

"它不仅精巧，"皇帝说，"而且美丽。"

公主摸了一下花，却几乎哭出来了。

"爸爸！"她说，"这花不是人工做的，它是一朵天然的玫瑰花！"所有的宫女都说："这只是一朵天然的花！""先不要生气，让我们看看另一只盒子里是什么再说吧。"皇帝说。于是那只夜莺就跳出来了。它唱得那么好听，他们一时还想不出什么话来说它不好。

"这鸟儿真使我想起死去的皇后的那个八音盒，"一位老侍臣说，"它的调子、它的唱法完全跟那个八音盒一样。"

"对。"皇帝说。

"我不相信它是一只天然的鸟儿。"公主说。

"不，它是一只天然的鸟儿！"送礼物来的人说。

"那么就让这只鸟儿飞走吧。"公主说，她无论如何不想让王子来看她。

不过王子并不因此失望。他把自己的脑袋涂成棕里透黑，把帽子拉下来盖住眉毛，前来敲门。

"早安，皇上！"他说，"我能在宫里找一个差事吗？"

"嗨，想找事做的人实在太多了，"皇帝说，"不过让我想想看吧——我需要一个会看猪的人，因为我养了很多猪。"这样，王子就被任命为皇家猪倌了。他们给了他一间猪棚旁边的简陋小屋，他不得不在这里面住下，从早到晚都坐在这里工作。

到了晚上，王子做了一口很精致的小锅，边上挂着许多铃铛。当锅煮开的时候，这些铃铛就会响起来，奏出一支和谐的曲子："啊，我亲爱的奥古斯丁，一切都完了，完了，完了！"不过这锅巧妙的地方是：假如有人把手指伸到锅中冒出来的蒸气里，他就立刻可以闻到城里每个灶上所煮的食物的味道。这锅跟玫瑰花比起来，完全是两回事儿。

公主刚好跟她的侍女们从这儿走过。当她听到这个曲子的时候，停了下来。“嗯，这正是我会弹的一首曲子！”她说，“他一定是一个有教养的猪倌！你们听着，进去问问他，这个乐器要多少钱。”于是，一位侍女走进去了。“你这个锅要多少钱?”侍女问。“我只要公主给我十个吻就够了。”小猪倌说。“我的老天爷！”侍女说。“是的，少一个吻也不卖。”小猪倌说。“他怎么说?”公主问。“我真没有办法传达他的话，”侍女说，“听了真吓人！”“那么，你就低声一点说吧。”于是侍女就低声说了。“他太没有礼貌啦！”公主说完便走开了。

不过，她没有走多远，铃声又动听地响起来了：“啊，我亲爱的奥古斯丁，一切都完了，完了，完了！”

“听着，”公主说，“去问问他愿意不愿意让我的侍女给他十个吻。”“谢谢您，不成，”小猪倌回答说，“要公主给我十个吻，否则我的锅就不卖。”“这真是一桩讨厌的事情！”公主说，“不过最低限度是你们得站在我的周围，免得别人看见我。”于是侍女们都站在她的周围，同时把她们的裙子撒开。公主与小猪倌接了十个吻，得到了那口锅。

她们真是高兴极了！这口锅整天不停地煮东西。她们现在清清楚楚地知道城里每一个厨房里所煮的东西，包括从鞋匠到家臣们的厨房里所煮的东西。侍女们都跳起舞，鼓起掌来：“我们现在完全知道谁家在喝甜汤和吃煎饼，谁家在吃稀饭和肉排啦，这多有趣啊！”“非常有趣！”公主说，“是的，但不准你们声张，因为我是皇帝的女儿！”“愿上帝保佑我们！”大家齐声说。

那个小猪倌，也就是说，那位王子——她们当然一点也不知道他是王子，都以为他只是一个小猪倌——是决不会让一天白白地过去而不做出一点事情来的。因此他又做了一个能发声的拨浪鼓，只要把拨浪鼓旋转几下，它就能奏出大家都熟知的华尔兹舞曲、快步舞曲和波兰舞曲。

“这真是太神奇了！”公主在旁边走过的时候说，“我从来没有听到过比这更美的音乐了，你们听呀！进去问问他这个乐器值多少钱，不过我不能再给他什么吻了。”

“他要求公主给他一百个吻。”那个到里面去问的侍女说。

“我想他是疯了！”公主说，于是她就走开了。不过她没有走几步路，便又停了下来。“我们应该鼓励艺术才是！”她说，“我是皇帝的女儿啊！告诉他，像上次一样，他可以得到十个吻，其余的由我的侍女给他。”“哎呀！我们可不愿意干这种事情！”侍女们齐声说。“别废话！”公主说，“既然我可以让人吻几下，你们当然也可以。请记住：是我给你们饭吃，给你们钱花的。”

这样，侍女们只得又到小猪倌那儿去一趟。“我要公主亲自给我一百个吻，”猪倌说，“否则双方不必谈什么交易了。”

“你们都站拢来吧!”公主说。所有的侍女都围着她站着,公主和小猪倌又开始接吻了。

“围着猪倌的一大群人是干什么的?”皇帝问。他这时已经走到阳台上来了。他揉揉双眼,戴上眼镜:“怎么,原来是侍女们在那儿捣什么鬼!我要亲自下去看一下。”

他便把鞋后跟拉上——这本来是一双好鞋子,但他喜欢随意把脚伸进去,所以就把后跟踩塌了。天啊,你看他那副匆忙的样子!他一跑进院子,就悄悄地走过去。侍女们都在忙于计算吻的数目,为的是要使交易公平,不让公主吻得太多。她们都没有注意到皇帝的到来。皇帝轻轻地踮起脚尖来。

“这是怎么一回事呀?”他看到他们接吻的时候说。当小猪倌正被吻到第八十六下的时候,皇帝就用拖鞋在他们的头上打了几下。“滚!”皇帝说,因为他真的生气了。于是公主和小猪倌都被赶出了宫殿。

公主站在屋外,哭了起来。小猪倌也发起牢骚来。天正下着大雨。

“唉,我这个可怜人!”公主说,“我要是答应那个可爱的王子就好了!唉,我是多么不幸啊!”小猪倌于是走到一棵大树后面,擦掉脸上的颜色,脱掉身上破烂的衣服,穿上一身王子的服装,又走了出来。他是那么好看,连这位公主都不得不在他面前弯下腰来。

“你,我现在有点瞧不起你了,”王子说,“一个老老实实的王子你不愿意要,玫瑰和夜莺你也不欣赏,但是为了得到一个玩具,你却愿意和一个猪倌接吻。现在你总算得到报应了。”

于是王子走进他的王国,把公主关在门外,并且把门闩也插上了。现在只有这个可怜的公主站在外边,唱着:“我亲爱的奥古斯丁,一切都完了,完了,完了!”

训练提示:故事中的公主为了一些小玩意儿愿意去亲吻一个地位卑微的猪倌,也不要一份全心全意的真爱,这样的她注定最后一无所有。

这个寓言故事的寓意隐藏较深,故事内容离奇丰富,人物对话较多。朗诵时,注意把握各个角色的性格特点,如用贪婪高傲的语气朗诵公主的话,用阿谀谄媚的语气朗诵女仆们的话,用谦逊平和的语气朗诵王子的话等。注意表述清楚故事的发展过程,通过语气、节奏、音调、音强来区分故事人物。

稿件十二

善良与邪恶

有一个人在空旷的大道上走着。他衣衫上落满灰尘,赤脚上有多处伤痕,还流着血,布头缠在额角上,下面一对小眼睛闪着凶光。

突然,他停下了脚步,听着远方传来的声音。他做了一个鬼脸,弯着腰,跑向路边。

由远而近,传来了一阵歌声。

歌声戛然而止。步行的人回头一看:一个年轻而漂亮的骑士正往这边来。

那人骑在马上,心情愉快,舒心地望着四周的景色,亲昵地抚摸着马耳朵。

骑马的人赶上了步行的人,他勒住缰绳,说道:"步行人,你还要走很远的路吗?愿你生活美好,诸事顺遂!"

"我的旅途还长得很。"步行的人轻声回答,盯着骑士,"你是谁,是歌手吗?"

骑士笑了,眼睛一闪,回答说:"我是善良。"

步行的人拉着长声说:"啊,如果你是善良,那我就是邪恶了。"

善良对此话报之一笑,看了看邪恶一瘸一拐的腿,说:"我们是同路人,前面的路远着呢,你骑上我的马吧!看样子你已经很疲劳了。"

邪恶收敛起奸笑,跨上马。善良牵着缰绳,走在一旁,仍然边走边唱。

他轻声唱着,没想到这时候邪恶起了歹心。突然,邪恶勒住了马,侧过头对善良说:"你看见路边的那朵花了吗?"

"看见了。"

"这种花赋予人以爱情的力量,快去摘下来。"

"真的吗?"

"我为什么要骗你呢?"邪恶装着很委屈的样子。

善良扔下缰绳跑去摘花,这时,邪恶却狠狠地抽了马一鞭子,伏在马身上,疾驰而去。

善良喊道:"站住!"但是,回答他的只有山里响起的哈哈大笑的回声。

邪恶越跑越远,很快就只能看见一个小黑点了。善良坐在地上,难过地想:"想帮助人,反而遭了暗算……"

但是,他是个乐观的人,永远不垂头丧气。烦恼了一会儿,他就起身进山,想找个过夜的地方。

这时候,晚霞已经消失,天空骤然堆起了层层乌云。狂风大作,刮得善良站不住脚,立不住身。周围连一个人影都没有,善良有些害怕。

雷电划破了漆黑的夜空。善良加快脚步,终于找到一个大山洞。他刚刚走进去,就下起了暴雨。

已经冻透了的善良,钻到山洞里,用呼出的热气温暖冻僵的手指。

他想暖和下身子。

善良刚想爬出山洞去拾些柴火,突然听到野兽的吼叫声,洞口随即出现一对绿色的眼睛。

"伟大的真主啊!快拯救我吧!"他低声祈祷着。仔细一看,原来是老虎的眼睛。

老虎朝周围嗅了嗅,打了个哈欠,然后侧身躺在洞口,头枕在巨大的爪子上。老虎就这样躺了很久很久,锐利的巨爪时而蜷曲,时而伸开。

过了一会,一只狼来到老虎跟前,长叹了一口气,便在老虎身旁躺下了。又过了一会,跑来了一只漂亮的狐狸。

老虎咧开嘴,露出牙齿,轻轻地吼叫几声,算是表示欢迎。狼叹了一口气,说:"你好,狐狸!"

善良躲在洞里一动也不敢动。屏住气,不停地祈求真主保佑,不要让野兽发现他。

狐狸谈了各种各样的新闻,随后对老虎说:"这些天你究竟跑到哪里去了?你可是我们主要的猎手啊!现在很少看到你去巡猎,你已经变得这般膘肥体壮……我简直不知道你都吃些什么。我们吃不到你的残羹剩饭,日子很难过啊!"

因受到恭维而颇为得意的老虎又张开大嘴吼了起来,它的吼声震得山石直往下落。

老虎说:"我可以向你们透露一点秘密。你们看见那块大石头了吗?石头下面埋着无价之宝。每天早晨,太阳一出现,我就到那里去,躺在那里,想着埋在地下的金银财宝,我就饱了,就再也不愿想别的了。"

老虎说的那块巨石,善良看得清清楚楚。尽管已吓得魂不附体,善良还是牢牢记住了那块石头。

狐狸沉默片刻,问狼道:"狼,你为什么这样瘦弱?肋骨都露出来了。是不是爱情使你憔悴?"

狼气恼地说:"什么爱情?山谷里有三千只羊,那是三千只最肥、最蠢、最可口的羊。但有一只像恶魔的捕狼犬守护着羊群。我一接近,那只狗就向我猛扑……"

"我知道那只捕狼犬。我还知道如果把这只狗眼睛里的液体取出来,和这棵树上的叶子混在一起,就可以制成一种特效药,专治疯癫病。"狐狸说着指了指洞旁的一棵树。

三只野兽沉默了一段时间然后,狐狸伸了伸懒腰,说:"我现在之所以这样瘦弱,是因为我已经好久不捕食了，经常饿肚子。我整天整天注视着生活在山谷里的一只小老鼠。它有二十枚金币，它会像流浪艺人耍球那样玩这些金币。我每天都看到它在玩金币，眼前全是金币在闪烁……我简直陶醉了。”

又过了一会儿，野兽们全都睡熟了，可善良还不敢合眼，他躲在角落里，仍旧不停地打战。

清晨，太阳还没有从山崖中露出脸来，周围还笼罩在灰蒙蒙的天气之中，三只野兽就分头走了。善良跑出山洞，在洞口采了些具有神奇效力的树叶，就出发去寻找玩金币的小老鼠。

善良寻找了很久。当太阳刺眼的强光照耀着大地的时候，善良眼前有个东西闪动了一下。他仔细一看，发现一只小老鼠正熟练而灵活地玩着金币。善良向它扑去，老鼠慌忙逃进洞里，只来得及叼走一枚金币。善良把十九枚金币拿到手里，便去寻找羊群。

黄昏时，他来到牧羊人的小房前，门前卧着一只大狗。狗嘴上流着口水，两眼血红，一见善良，便猛扑过来。但是牧羊人喝住了狗。牧羊人让善良在篝火旁坐下，表示欢迎。“你好，行路人，愿真主保佑你诸事顺遂！”

“你好，老爹，愿你生活幸福！”

他们喝了三碗茶。这茶给善良增加了力气。

随后，牧羊人问道：“过路人，你来这荒凉之乡做什么？”

善良没有回答，他从口袋里掏出十九枚金币，排成一串。牧羊人惊奇地望着这些金币，惊得连茶碗也从手里掉到地上。

“老爹，这些都是给你的！”

“我没有做过对不起你的事情，你为什么要取笑我？为什么给我这么多钱？”

“什么也不因为！”善良说，“你把这只狗卖给我吧！”

“你要狗做什么？卖给你，就没有狗给我看守羊群了。”

“你可以再买五只这样的狗，你已经是一个有钱人了。”

牧羊人考虑了一会儿，终于同意了。他牵着狗的项圈，把狗交给了善良。

善良说：“不，你等一等，先把这只狗打死。”

牧羊人很纳闷：这可真是一个怪人。但是，他还是按照善良的吩咐做了。

善良挖出了狗的眼睛，把眼里的液体和小树叶混合在一起，制成了药丸。

善良在牧羊人的篝火旁边过了一夜，早晨又出发了。

善良又走了很久。

有一天晚上，他来到一座大城市。进城之后，他发现市民惊慌地跑来跑去。他们聚集在广场上，卫兵围住一些须发斑白的老人。这些老人把干枯的手伸向天空，像是痛苦地哭诉着什么。

善良问一个高个子的老人："老爹，出了什么事？"

"不要问，行路人，你走开吧……"

"老爹，告诉我，也许我还能帮点忙呢！"

"你？不，快走你的路吧！"

但是善良不罢休，老人被他盘问得不耐烦，终于向他说道："我们的君主有一个公主，名叫拉比娅。她美丽可爱、举世无双。但拉比娅已经重病数年，一个人待在房间里，用铁链锁着。恶魔钻进了她的头脑，她疯了。君主把城里的长者全都召集起来宣告，如果我们不能医好公主的病，他就下令把我们全都处死。"

善良听后，高声大笑，笑得周围的老人都吓得后退了几步。

"这只是桩区区小事，我可以治好公主。"

"你说些什么？傻瓜！你知道吗，如果你治不好公主的病，君主也会把你处死！"

"不必担心。只要你们给我一件长袍、一块缠头布和一双鞋。我现在的打扮是不便去见君主的。"

这群老者都非常高兴，他们抖动着银须，取下缠头布，脱下漂亮的长袍和鞋子，争着递给善良。

善良脱下自己那件破烂不堪的衣服，换上朴素大方的长袍，围上缠头布，穿上鞋，便朝皇宫走去。卫兵拦住他盘问后，领他穿过富丽堂皇的宫殿，走进一间大厅。君主正在御座上，心绪不佳，沉思不语，看见有人进来，生气地皱起眉头："你要做什么？"

善良上前一步，勇敢地回答："伟大的君主！我前来给公主治病。"

君主不信任地摇了摇头："你知道，如果你治不好她的病，等待你的是什么吗？"

"我不习惯夸口和欺骗。"善良高昂起头颅，骄傲地回答。

"把他领到公主那里去！限你三个小时，外来人。"

卫兵围住了善良，把他带到宫殿的另一侧。

他们爬上高梯，登上塔顶。疯公主坐在一间小屋里，手脚都被铐着。

沉重的门"咯吱"一声打开，她连头都没有转动一下。

善良要求闲杂人员全都离开。

所有的人都顺从他，一声不响地离开了房间。

善良仔细端详着拉比娅那秀丽的脸庞，简直惊呆了。她披散着头发，美丽的眼睛呆滞地望着一切，贵重的长袍撕得破破烂烂，洁白如玉的身体裸露着，沉重的手铐把双手磨出了血。

善良小心翼翼地走到公主跟前，抱着她的头，撬开嘴巴，塞进一粒药丸。

过了一会儿，拉比娅开始环顾四周，她比过去安静多了，但仍是神志不清。

这时，善良又往她嘴里塞了一粒药。拉比娅立即清醒了，她向周围看了看，看见这个陌生的男人，就大声喊叫："快来人！为什么这里有外人？"

她想用手捂住脸，但是手被铐住了，不能动弹。拉比娅害怕极了，她更加急切地喊："你们为什么把我锁起来？"

善良微笑着走出房间。他去见君主，说："君主，公主的病已经治好了。"

君主不相信这样的奇迹，他急忙跑到女儿的住处。当他看到拉比娅已经完全恢复常态的时候，真是高兴极了。当即下令卸下镣铐，把公主的伤口擦洗干净。这时，拉比娅显得更加美丽了。

君主随即来见善良，对他说："外来人，你创造了奇迹。你给了我幸福，没有任何礼物能够报答你的恩情。我决定把女儿许配给你。"

善良喜出望外，回答说："伟大的君主！您的话使我感到非常愉快。对您的慈爱和英明，我将屈下我的双膝。但是，您的女儿怎么能和我生活在一起？我一贫如洗，一无所有。"

君主说："智慧是人类的无价之宝。"

他下令送给善良许多黄金，让两头驴驮着。

于是，善良带着仆人们和许多黄金，进山去了。他们走向老虎每天躺着的那块巨石，石头下面埋着无尽的宝藏。就在巨石旁，善良和奴人们安下了帐篷。

"我们要在这里修建一座宫殿。"说完之后，善良便进城去招募雇工。

在最贫穷的雇工当中，善良意外地发现了邪恶，但邪恶并没有认出善良，当善良要雇用他时，他同意了。

几天后，善良和他招来的雇工一起进山，开始修筑宫殿。

善良把厨子拉到一旁，对他说："不论什么时候邪恶向你要吃的东西，你都要让他吃够、吃饱，满足他的一切要求。"

厨子有些奇怪，但他并没有问主人。

一个礼拜过去了。邪恶一天比一天感到奇怪，为什么人们待他这样好：不要他去干活，却给他很多工钱，吃得也很好。

"这是怎么回事呢？"邪恶躺在地上，绞尽脑汁地想着。

邪恶一天比一天放肆，欺负别的雇工，对厨子大喊大叫。

有一天，他终于忍不住走到善良跟前，问道："主人，告诉我，为什么这样待我？"

"怎么，待你不好吗？"善良问。

“不,刚好相反。我没有为你做什么事,你为什么这样照顾我呢?”

善良沉默了片刻,然后请他坐到自己身旁,问道:“你还记得善良吗?你夺走了他的骏马,把他一个人丢在深山老林里。”

邪恶直直地盯着善良,吓得脸色煞白。

“我认出你来了。”他惊恐不安地说,迅速跳了起来。

“不要怕。那时,我没有想加害于你,现在,也不想加害于你。你可以吃、喝、住。我将这样对待你直到我生命结束时为止。现在你坐下,让我告诉你我经历的一切。”

善良把经历的事一五一十地告诉了邪恶,只是没有讲有关老虎的事情。

善良讲完后,邪恶连眼睛也没有抬,像是随便打听什么似的问道:“那个山洞很远吗?”

“不,不远,就在那一边。”说着,善良向北指了指。

善良躺下睡了。这时,邪恶跑到厨子面前高声喝道:“喂,快拿吃的东西来!”

当他贪婪地吃着东西的时候,一个计谋在头脑中形成了。他要去山洞里从野兽的口里探知一切,自己也要变成善良那样的人。

他找到了山洞,钻了进去,藏在最深处。

夜里,果然野兽们又聚在一块聊天。

狐狸问道:“老虎,你怎么了?为什么这样瘦弱,生病了吗?”

老虎苦笑着说:“生病了?不,我没有生病。我只是觉得非常难过,因为埋藏着宝物的地方现在正在修筑宫殿,我不能躺在那里休息了。”

“啊,原来如此!”邪恶想,“原来那里有宝藏!好啊,善良,今天就是你的末日!”

这时,狐狸又接着说:“狼,你可发福了,现在好看了。”

“你知道吗,狐狸?那天夜里我们谈话之后,发生了一件特别奇怪的事情。捕狼犬不见了,现在我可以尽情地大吃肥羊,所以我就胖起来了。”

“真没想到,我也遇到了怪事。”狐狸说,“那夜之后,玩金币的小老鼠不见了,我可以安心地捕食了。你看,我也胖了一些呢!”说完,狐狸心满意足地摇动着灰色的尾巴。

听到这些对话,老虎警觉起来。

“我的朋友们,你们知道吗?这些事情一定是有人介入了。可能有人偷听了我们的谈话。去,狐狸,你去看看,洞里有没有人?”

狐狸笑着说:“你怎么了,老虎?你从什么时候起变得这样疑神疑鬼?”

老虎生气地说:“狐狸,变得多嘴多舌了!”

说完,老虎便起身走进洞里。

当看见洞里果真有一个吓得发抖的人时,它非常惊奇而又异常恼怒。

老虎大吼一声,扑向邪恶,一下子把他撕成碎片。

善良修好宫殿,同自己美丽的妻子生活得美满幸福。从那一天起,他再也没有看见过邪恶。

这就是关于善良和邪恶,关于善人和恶人的故事。

训练提示:寓言故事里一般都有角色、有情节、有高潮、有矛盾,内容丰富多彩、生动有趣。朗诵时,声音形式与角色要匹配,把寓言故事的矛盾、冲突表现出来,采用不同的声音形式,表现出故事本身的多样性。

思考和练习:

1. 请简述寓言童话的概念。
2. 请简述寓言童话的种类。
3. 请简述寓言童话的特点。
4. 请简述应该如何朗诵寓言童话。

后 记

播音主持艺术是实践性非常强的语言艺术，随着时代的变迁，语言的发展更是日新月异。以往的教材以媒体作为介质的较多，如《广播播音主持教程》《电视播音主持教程》《电视新闻播音主持教程》等。如今除了传统的广播电视以外，又出现了新媒体。本书的编写源于我们在教学改革探索时的思考，源于围绕播音与主持艺术专业基本能力，即“播、说、诵、演”能力训练时没有合适教材的苦恼。于是，我和同事们在多年使用的讲义的基础上，经过多轮课程实验又修改补充、集思广益、群策群力，《朗诵实务教程》终于顺利问世了。这其中既有积极的探索，辛苦的耕耘，也有收获的喜悦和些许的遗憾。

《朗诵实务教程》重点编写了朗诵的内容。每一单元包括“理论概述”“示例分析”和“训练稿件”三个板块，既有理论讲解，又有训练材料。遗憾的是，由于编者水平有限，书中还存在许多问题，欢迎专家和同行对本书多提宝贵建议，使之进一步完善。

本册的编写具体分工如下：朗诵概说由王杨撰写，诗歌朗诵由宋志君撰写，散文朗诵由王杨撰写，寓言童话朗诵由张奕卓、王杨撰写。

书稿结成,心中万千感慨最终都化为两个字:感谢!感谢我的恩师、中国传媒大学博士生导师曾志华教授欣然作序!感谢山东青年政治学院播音主持艺术专业的创办者武传涛教授!感谢我的同事们的鼎力配合!感谢学院领导对我们的一贯支持!感谢出版社给我们提供的机会!

感谢岁月,感谢这个世界的春夏秋冬,让我们在前行的路上能够感到温暖;感谢生活和时间,让我们在这个夏天成长蜕变。

王海燕

2017 年 6 月于济南静心斋

图书在版编目(CIP)数据

朗诵实务教程 / 王海燕总主编.--北京:中国传媒大学出版社,2017.10(2022.12重印)
(播音与主持艺术专业“十三五”规划教材　播音主持实务教程)
ISBN 978-7-5657-2023-9

Ⅰ.①朗…　Ⅱ.①王…　Ⅲ.①朗诵—语言艺术—高等学校—教材　Ⅳ.①H019

中国版本图书馆 CIP 数据核字（2017）第 114678 号

朗诵实务教程

LANGSONG SHIWU JIAOCHENG

总 主 编　王海燕
副总主编　尹　航　许　浩
策划编辑　赵　欣
责任编辑　赵　欣　张　笛
特约编辑　高卓毓
责任印制　李志鹏
封面设计　拓美设计

出版发行　中国传媒大学出版社
社　　址　北京市朝阳区定福庄东街 1 号　　**邮　　编**　100024
电　　话　86-10-65450528　65450532　　**传　　真**　65779405
网　　址　http://cucp.cuc.edu.cn
经　　销　全国新华书店

印　　刷　三河市东方印刷有限公司
开　　本　787mm×1092mm　1/16
印　　张　13
字　　数　261 千字
版　　次　2017 年 10 月第 1 版
印　　次　2022 年12月第 6 次印刷

书　　号　ISBN 978-7-5657-2023-9/H·2023　　**定　　价**　38.00 元

版权所有　　翻印必究　　印装错误　　负责调换